Game Changer
게임 체인저 : 기본소득

게임 체인저(Game Changer)란?
일의 결과나 흐름을 뒤바꿔 놓을 만한
중요한 인물이나 사건을 말한다.

게임 체인저 : 기본소득

2024년 6월 10일 초판 1쇄 발행
2025년 9월 30일 초판 2쇄 발행

글	이선배
그림	맹하나
책임편집	문현경
디자인	박정화, 김다솜
마케팅	김선민
관리	장수댁
인쇄	정우피앤피
제책	바다제책
펴낸이	김완중
펴낸곳	내일을여는책
출판등록	1993년 01월 06일(등록번호 제475-9301)
주소	전라북도 장수군 장수읍 송학로 93-9(19호)
전화	(063) 353-2289
팩스	0303-3440-2289
전자우편	wan-doll@hanmail.net
블로그	blog.naver.com/dddoll
ISBN	978-89-7746-891-7 73810

ⓒ 이선배·맹하나, 2024

*이 책의 내용은 저작권법의 보호를 받는 저작물이므로 무단전재와 복제를 금합니다.
*잘못 만들어진 책은 구입처에서 바꿔 드립니다.
*책값은 뒤표지에 있습니다.
*후원 : (재)대전문화재단
*이 책은 대전광역시, (재)대전문화재단에서 사업비 일부를 지원받았습니다.

어린이제품안전특별법에 의한 제품표시
제조자명 내일을여는책 **제조국명** 대한민국 **사용연령** 만 8세 이상 어린이 제품

Game Changer
게임 체인저 : 기본소득

이선배 글 | 맹하나 그림

차례

1장	강기후 1	8
2장	강기후 2	22
3장	노본회퍼 1	36
4장	노본회퍼 2	47
5장	지소유 1	61
6장	지소유 2	73
7장	극득남 1	87
8장	극득남 2	100
9장	만남	114
10장	상식	127
11장	공유부	141
12장	게임 체인저	150

13장 대결 1 – 기후재난에 맞서라! ·················· 158
14장 대결 2 – 로봇과 AI로 인한 일자리 재난에 대처하라! ········ 166
15장 대결 3 – 소득 불평등을 줄여라! ·················· 175
16장 대결 4 – 성평등 사회를 구현하라! ················ 183
17장 지구는 인간만의 것이 아니다 ·················· 194
에필로그 ·· 204

나가며 ·· 208
단어 설명 ·· 211

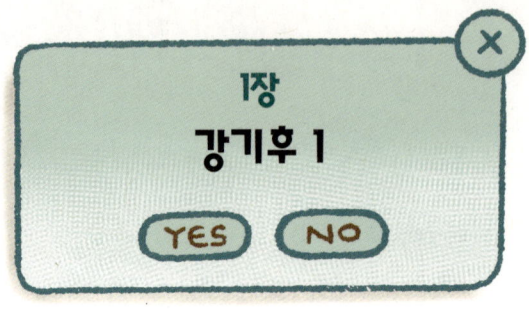

나는 유명하다. 사실은 내가 아니라, 내 이름이 유명하다. 내 이름은 기후. 우리 아빠 성함은 더 유명하다. 강 태 자 풍 자. 강태풍이다. 큰아빠 성함은 강태양이다. 할아버지는 태 자 돌림 아들들이 큰 인물이 되라고 태양, 태풍 등 엄청난 이름을 지어 주셨다.

우리 엄마 성함은 난화이다. 난초에 피는 꽃이라는 뜻이다. 외할아버지는 매화, 난초, 국화, 대나무 사군자 중에서도 난초를 가장 좋아하신다. 집안 곳곳에서 난초를 정성껏 가꾸신다. 청초하며, 고결한 난초에 피는 꽃 난화처럼 딸이 살기를 바라서 지은 이름이라고 하셨다. 그런데 문제는 할아버지 성이 온 씨라는 점이다. 그래서 엄마 성함은 온난화.[1]

아빠 이름은 태풍, 엄마 이름은 온난화, 내 이름은 기후. 우리 가족은 이름만 들으면 기후 가족이다.

어릴 때 난 내 이름에 불만이 없었다. 놀리는 아이들도 없었다. 우린 기후가 뭔지도 몰랐으니까. 그런데 난 이제 더는 아무것도 모르는 꼬맹이가 아니다. 학교 교과서에 자꾸 내 이름이 나온다. TV 뉴스에도 내 이름이 나온다. 인터넷 기사에서도 내 이름을 쉽게 찾아볼 수 있다. 내 이름 뒤에 꼭 달라붙는 녀석이 있다. '~위기'이다. 기후위기. 때로는 '~위기'보다 더 심각한 '~재난'이 달라붙기도 한다. 기후재난. 내 이름 앞에 달라붙는 녀석도 있다. '이상~'. 이상기후.[2]

그래도 지금은 나은 편이다. 내가 선행학습을 좀 해 봤는데 앞으로 온대 기후, 열대 기후, 냉대 기후, 기후정의 등 난 아주 다양한 방식으로 놀림당할 운명이라는 것을 알 수 있었다.

며칠 전이었다. 민철이가 다짜고짜 나를 보더니 말했다.

"야, 너 왜 공룡을 다 죽였어? 너 때문에 공룡이 멸종되어서 내가 좋아하는 공룡을 볼 수도 없잖아. 네가 책임져!"

아니 나 때문에 공룡이 멸종되었다니 이 무슨 황당한 이야기인가? 난 공룡 털끝 하나 건든 적이 없는데. 하긴 대부분 공룡은 털이 원래 없으니⋯ 건들 것도 없겠지만, 아무튼 난 공룡 발톱 하나 손대지 않았고, 심지어는 공룡을 본 적도 없는데 나보고 공룡 멸종을 책임지라니 정말 억울했다.

민철이는 진지하게 말했다. 자신이 공룡 책을 읽었는데, 기후가 변하면서 공룡이 제대로 적응하지 못하고 멸종했다는 설이 있다며 내 책임이란다. 기가 막혔지만 뭐라고 마땅히 상대해 줄 말을 찾지 못해 난 아이들 놀림감이 될 수밖에 없었다.

아이들만 내 이름으로 놀리는 게 아니다. 단골 편의점 사장

10

님도 똑같다. 뜨거운 여름날 시원한 아이스크림을 사러 갔는데, 사장님은 이러는 게 아닌가.

"기후야, 네가 어떻게 좀 해 봐라. 요즘 기후 왜 이 모양이냐? 여기가 무슨 아프리카 사막도 아니고 이렇게 더워서 어디 사람이 살겠냐? 좋은 기후가 되면 안 되겠니?"

그러고는 큰 소리로 하하하 웃으셨다. 난 하나도 재미있지 않은데 사장님은 뭐가 그리 재미있는지?

사람들은 아프리카에 뜨거운 사막과 초원을 뛰노는 얼룩말과 코끼리, 가난한 사람들만 있다고 생각하는데, 그건 지독한 편견이다. 아프리카는 넓은 대륙이라서 나라마다 다양한 환경을 볼 수 있다. 에티오피아 산악지대는 기온이 낮고, 킬리만자로 높은 산꼭대기는 만년설로 뒤덮여 있다. 나이지리아는 2023년 국내총생산(GDP) 기준으로 세계 192개 나라 가운데 32위에 위치한다. 또한 케냐 공화국 수도 나이로비는 약 500만 명이 모여 사는 대도시로 고층 빌딩이 줄줄이 서 있을 정도다.

이렇게 초등학생인 나도 아는데, 아프리카를 사막 도시로만 생각해 아재 개그나 일삼다니 정말 마음에 들지 않는다. 앞으로 단골 끊고, 조금 멀더라도 다른 편의점을 갈 생각이다. 아예 나를 전혀 모르는 곳으로 가서 살고 싶다.

그나저나 내가 봐도 요즘 기후 정말 이상하다. 올여름 지구촌 전체가 이상기후로 몸살을 앓고 있다. 이탈리아 알프스 산악지대에서는 8월 불볕더위가 계속되다가 갑자기 눈이 내려 사람들을 놀라게 했다. 미국 네바다주 사막엔 폭풍우가 몰아치면서 여름 3개월 동안 내릴 비가 하루 만에 쏟아져 지역 축제 참가자 7만여 명이 고립되는 사고가 발생했다. 홍콩에서는 한 시간 동안 158.1mm 물 폭탄이 떨어져 139년 만에 처음으로 도시 교통이 마비되고, 산사태로 큰 어려움을 겪었다.

 최악의 가뭄과 산불로 이미 고통받은 그리스는 중부 필리온에 하루에 754mm가 넘게 비가 쏟아져 또 고통을 겪었다. 이는 2년 치 비가 불과 하루 만에 내린 것이다. 우리나라 역시 더 강력해진 태풍이 엄청난 비와 세찬 바람으로 전 국토를 할퀴는 바람에 강둑이 무너져 강물이 범람했다. 그 물들이 지하차도로 들이닥치는 바람에 열네 명이 사망하는 참사가 발생했다. 제대로 대처하지 못한 정부를 향해 시민들 분노가 하늘을 찔렀다. 태풍, 온난화, 이상기후 등으로 큰 피해를 주는 우리 가족 전체가 문제다. (ㅜㅜ)

 이런저런 걱정에 잠이 안 온다. 이러다가 날을 꼬박 새우는 것은 아닌지? 지난번에도 늦잠 자느라 지각해서 선생님께 엄청나게 혼났다. 게임에 미쳐서 잠도 안 자고 날 샌 것 아니냐고 의심까지 받았다. 기분이 무척 나빴다. 또 그런 수모를 안 당하려면 자야 하는데…….

그래, 이럴 때는 수면제를 처방받아야지. 내 수면제는 바로 책이다. 책만 보면 나도 모르게 스르르 잠이 든다. 나는 얼른 너덜너덜해진 그림책 한 권을 책장에서 빼 왔다. 어린 시절부터 내가 제일 좋아하는 이야기책 『재주 많은 다섯 친구』다. 단지손이와 오줌손이, 콧김손이, 배손이, 무쇠손이가 세상 구경을 나왔다가 호랑이 떼와 대결을 벌여 통쾌하게 무찌르고 또 다른 세상 구경을 떠나는 이야기. 읽고 또 읽어도 재미있다. 나도 재주 많은 친구를 만나 기후위기에 빠진 세상을 구하고 싶다. 나는 어떤 재주가 있을까? 이상하게 오늘은 책 수면제도 안 통한다.

그러면 안 되는 줄 알면서 내 눈은 어느새 VR 헤드셋에 꽂혔다.

'그래, 이렇게 스트레스 많이 받은 날에는 역시 게임이 정답이지. 기분 좋게 깊이 자야 건강에도 좋을 거야.' (ㅋㅋㅋ)

너무 늦은 시간에는 VR 게임을 하지 않기로 부모님과 약속해서 조금 찔렸지만 잠을 잘 자기 위해서니 어쩔 수 없다. 솔직히 난 요즘 VR 게임 신세계에 푹 빠져 있다. VR 게임은 스마트폰 게임처럼 좁은 화면에서 답답하게 할 필요가 없다. 무엇보다 현실처럼 실감 나는 VR 세상을 통해 새로운 나를 만날 수 있어 참 좋다.

VR 헤드셋을 머리에 착용하고, ON 버튼을 누르자 수많은 행성이 나를 향해 쏟아진다. 웅장한 음향과 함께 내 선택을 기다리는 메뉴가 펼쳐진다. '슬라임 천국'이 내 눈길을 확 끈다.

슬라임은 액체 괴물, 젤리 괴물, 젤리 몬스터, 플러버 등 다양한 이름으로 불린다. 1953년 미국 소설가 조셉 페인 브레넌(Joseph Payne Brennan)이 지은 소설 『슬라임(Slime)』에서 오랜 옛날부터 바다 깊숙한 곳에 살며 모든 생물을 소화해 흡수하는 괴물로 등장했다. 이후 1976년 마텔사에서 장난감으로 처음 나왔다. 우리나라에는 2006년 출시되어 몇 차례 유행했다. 만지는 느낌이 쫀쫀하고, 풍선처럼 부풀릴 수 있어서 좋다.

오호호, 이 슬라임으로 VR 게임이라니! 바로 로그인했다. 비록 진짜 촉감은 없어 아쉽지만, 현실에서와 달리 자유롭게 만들 수 있어서 좋았다. 자신이 만든 슬라임을 자랑하기도 하고, 또 슬라임을 던져 다른 캐릭터를 가두기도 하고, 슬라임 쇼핑몰 구경도 했다. 시간 가는 줄 몰랐다. 구관이 명관이라고 슬라임을 평소 갖고 놀던 솜씨 덕분에 난 '슬라임 천국'에서도 금방 인기인이 되었다. 내 재주는 슬라임 다루기일까? 그런데

이 슬라임 능력으로 뭘 할 수 있지? 어쨌든 난 VR 세상에서 각종 슬라임 아이템을 엄청 많이 획득했다.

한 판 더 하고 싶은 마음을 간신히 누르고 '슬라임 천국'을 빠져나오자 알고리즘이 내게 한 숏폼[3]을 추천해 줬다.

[내가 춤을 추는 이유는? - 춤추는 역도 선수]

궁금한 마음에 이거 딱 하나만 더 보자 하고 재생했다. 태평양 섬나라 키리바시 대표로 2016 리우 올림픽 역도 경기에 출전한 카토아타우 선수가 비장한 모습으로 바벨을 잡았다. 힘찬 기합과 함께 역기를 번쩍 들어 올렸다. 몇 초를 버텨야 하는데 그만 역기가 땅바닥에 떨어져서 실패하고 말았다. 매우 안타까웠다.

그런데 실망할 줄 알았던 카토아타우 선수가 금세 환한 얼굴로 덩실덩실 춤을 추기 시작했다. 육중한 몸과 달리 현란한 스텝을 밟으며 큰 엉덩이를 흔들며 추는 코믹 댄스였다. 움직일 때마다 엉덩이와 뱃살이 출렁였지만, 하얀 이를 드러내며 환한 웃음으로 천진난만하게 추는 춤에 관중들은 손뼉 치며 환호성을 질렀다. 참 웃기기도 하고, 이상하다 싶은 아저씨라는 생각이 들었다.

그때 갑자기 VR 게임에 초대하는 쪽지가 날아들었다.

[카토아타우 선수가 당신을 초대합니다. YES or NO]

NO를 누른다는 것이 그만 YES를 눌렀는지 갑자기 난 파도치는 바닷가로 이동했다. 열대 야자수가 줄지어 있고, 에메랄드빛 바닷물은 맑고 깨끗해서 열대어들이 노니는 모습이 한눈에 들어왔다. 당장에라도 바다에 뛰어들고 싶었다.

'아, 이곳이 천국이구나.'라는 생각을 하기도 전에 난 저 멀리서 밀려오는 엄청나게 큰 파도에 죽음의 공포를 느꼈다. 저 멀리서 누군가가 "킹 타이드[4], 킹 타이드!" 고함을 쳤다. 본능적으로 난 그 자리를 떠나야 한다는 것을 깨닫고 육지를 향해 냅다 뛰기 시작했다.

백사장에 발이 자꾸 푹푹 빠져서 제대로 뛸 수가 없었다. 너무 겁이 나서 뒤를 돌아보자 거대한 파도가 점점 다가와 모든 것을 삼킬 듯했다. 뒷걸음질 치던 나는 그만 철퍼덕 엎어지고 말았다. 빨리 일어나서 달려야 하는데 모래에 깊이 빠진 나는 몸을 일으켜 세우기도 힘들었다. 사람들은 앞다퉈 언덕을 향해 뛰고 있었다.

내가 겨우 몸을 일으켜 뒤를 돌아본 순간 초고층 빌딩만 한 파도가 나를 집어삼킬 듯 바로 눈앞에 있었다. 그러더니 한꺼번에 무너져 내려 나를 덮쳤다. 난 그대로 내팽개쳐졌다. 열대 나무도 큰 파도에 맞아 두 동강 나 버렸다. 나무로 얼기설기 엮은 집들과 함께 난 파도에 휩쓸려 순식간에 사라져 버렸다.

'앗, 죽음이란 이런 것인가?'

이런 공포에 빠지려는 순간 들려오는 소리에 정신을 차렸다.

[게임 오버. 킹 타이드에서 살아남기에 실패했습니다. 다시 도전하시겠습니까?]

'아, 맞다. 지금 내가 있는 곳은 현실이 아니라 VR 게임이었지.' 내가 살아있다는 사실에 안도감이 들었다. 너무 생생한 나머지 온몸에 소름이 돋았다. 하지만 이대로 포기할 수는 없다. 나는 다시 도전 단추를 눌렀다.

그러자 평화로운 바닷가로 다시 이동했다. 열대 야자수가 줄지어 있고, 에메랄드빛 바닷물은 맑고 깨끗해서 열대어들이 노니는 모습이 한눈에 들어왔다. 아까처럼 정신을 팔아서는 또 죽는다. 긴장한 눈으로 보니 정말 저 먼바다가 예사롭지 않았다. 난 일단 무작정 언덕을 향해 뛰기 시작했다. 평화롭게 백사장에서 휴양을 즐기고 있는 사람들에게 외쳤다.

"킹 타이드, 킹 타이드!"

내 외침에 사람들은 긴가민가했고, 일부는 당황하며 짐을 챙겼다. 난 계속 달렸다. 모래밭이라 달리기가 쉽지 않았지만 그래도 아까보다는 나았다. 뒤돌아보고 싶었지만 그랬다가는 아까처럼 또 킹 타이드에 내팽개쳐질까 봐 무서워 그냥 죽자 살자 앞만 보고 달렸다.

등 뒤로 사람들 비명이 들렸다. 더 힘을 내서 달려야 하는데 숨이 턱 밑까지 차서 도저히 뛸 수가 없었다. 그대로 그냥 주저앉고 싶었다. 어느새 발이 물에 잠기기 시작했다. 뛰기가 더 힘들었다. 그래도 살겠다고 겨우 걸음을 내딛는데 그만 확 고꾸라지고 말았다. 물이 차서 패인 웅덩이를 못 보고 거기에 발을 내딛는 바람에 균형을 잃은 것이다. 바닷물이 코로, 입으로 사정없이 들어와서 캑캑거렸다. 온몸이 젖어서 천근만근이다. 그냥 이대로 뻗어서 끝내고 싶었다. 그때 갑자기 내 몸이 하늘로 솟구쳤다.

누군가 날 번쩍 들어 올렸다. 대체 이 사람은 누구? 떡 벌어진 어깨, 넓은 등판, 키는 작지만 다부진 근육질 몸매다. 얼굴을 볼 수 없어서 누군지 확인할 수 없었다. 몸에 딱 달라붙는 레슬링 유니폼에 벨트를 차고 있는 것이 레슬링 선수나 역도 선수처럼 보였다. 아저씨는 나를 둘러업고 빠르게 달리기 시작했다. 아저씨 숨소리가 점점 거칠어졌다. 아저씨 걸음이 빨라질수록 내 몸도 심하게 요동쳤다. 금세라도 토가 나올 것 같아 힘들었지만 날 더 무서움에 떨게 하는 것은 따로 있었다. 지금 당장이라도 덮칠 듯 쫓아오는 킹 타이드였다.

성난 파도는 모든 것을 산산조각 내었다. 바다에는 부서진 지붕이며, 두 동강 난 나무들, 가전제품들이 둥둥 떠다녔다.

휩쓸려 가며 울부짖는 사람들이 보였다. 아저씨 등 뒤에 매달려 그들을 봐야 하는 고통과 공포는 끔찍했다. 난 눈 뜨고 볼 수 없었다. 그냥 질끈 눈을 감고 외면할 수밖에 없었다. 어서 이 지옥에서 벗어나고 싶을 뿐이다.

물은 점점 거세게 차올랐다. 사람들은 다 언덕을 향해 정신없이 뛰었다. 아이들을 둘러업고 뛰는 어른들도 많았다. 바로 눈앞에서 집채만 한 커다란 파도가 또 다른 마을을 향해 혀를 날름거리며 내달렸다. 그런데 이상했다. 이 난리 통에도 사람들 표정은 의외로 담담했다. 아이들 역시 공포에 질려 울부짖기보다는 심드렁한 표정이었다. 겁에 질려 금방이라도 울음이 터질 것만 같은 나로서는 주민들의 심드렁한 표정이 이해가 안 되었다. 그러고 보니 공포에 질려 어쩔 줄 몰라 하는 것은 나처럼 이곳을 처음 방문한 사람들뿐이었다.

아저씨는 나를 언덕 위 교회당에 내려놓고 거친 숨을 몰아쉬었다.

"고마워요, 아저씨."

진심을 담아 인사하며 아저씨 얼굴을 봤다. 아니, 이 사람은? 조금 전 영상에서 본 코믹 댄스를 추던 그 역도 선수였다. 나를 이곳에 초대한 분. 나는 반가운 마음에 아저씨에게 소리쳤다.

"나 아저씨 알아요. 카토아타우 아저씨죠?"

"그래 맞아. 깜짝 놀랐지? 첫인사치고는 너무 과격했지? 여기는 키리바시. 세계에서 가장 먼저 해가 뜨는 나라지. 얼마 전까지만 해도 참 아름답고 평화로운 곳이었지. 이곳에 온 것을 환영한다."

나를 둘러업고 뛴 여파가 아직 진정되지 않았는지 쌕쌕거리는 숨소리와 함께 나를 격하게 안으며 환영 인사말을 내쏟았다. 아저씨의 환한 미소에서, 꽉 안은 몸짓에서, 그리고 요동치는 심장 소리에서 진심으로 날 환영하는 마음이 느껴져 온몸이 찌릿했다.

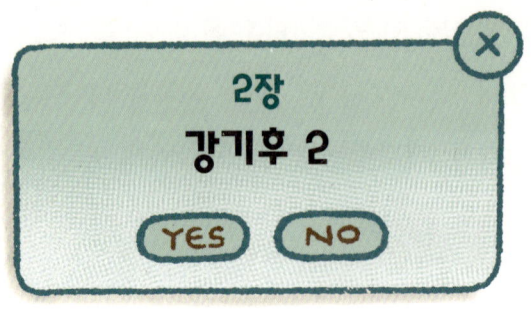

'키리바시'. 조금 전 숏폼에서 처음 알게 된 남태평양 섬나라. 그런데 키리바시 역도 선수 아저씨는 왜 나를 이곳에 초대했을까?

"내가 널 왜 초대했는지 궁금하다고?"

"네, 그리고 또 궁금한 게 있어요."

아저씨는 역도 경기에서 실패했는데도 좌절하기는커녕 오히려 100㎏이 넘는 육중한 몸으로 경쾌한 스텝을 좌우로 밟으며 코믹 춤을 추었다. 나는 그 까닭도 궁금했다.

"내가 왜 인상과 용상[5] 경기를 마칠 때마다 코믹 춤 세리머니를 하는지 궁금하지?"

아저씨가 독심술이라도 있는 걸까? 내 마음을 어찌 그리 잘 아는지, 나는 놀란 표정으로 고개를 끄덕였다.

"네가 봐서 알겠지만, 이곳 키리바시는 오염물질을 쏟아 내는 공장도 없고, 탄소를 무지막지하게 배출하는 석탄 발전소도 없단다. 매연을 내뿜는 자동차를 타고 다니는 사람도 드물어. 트림이나 방귀로 메탄을 쏟아 내는 소를 많이 키우지도, 소고기를 많이 먹지도 않는단다. 그저 바다에 나가 물고기를 잡고, 농사를 지어 소박하지만, 행복하게 살아왔지."

정말 내가 봐도 키리바시는 그냥 평온한 휴양지 또는 시골 마을처럼 보였다. 물론 지금은 킹 타이드가 덮쳐서 온통 박살이 나 아수라장이지만 말이다.

"그런데 몇 해 전부터 해수면이 점점 높아지더니 낮은 땅부터 점점 잠기기 시작했지. 그리고 킹 타이드가 기승을 부려 지금처럼 목숨을 잃을 수도 있는 무서운 날들이 이어지고 있어."

그래 맞다. 킹 타이드. 쓰나미 비슷한 것 같은데 왜 킹 타이드라고 하는 거지?

"킹 타이드는 밀물과 썰물의 파도 높이 차이가 1년 중 가장 높아지는 때를 말해. 지구, 달, 태양이 일직선에 놓일 때 태양과 달의 인력이 합쳐지며 발생한단다. 파도가 내 키 두 배 정도로 커지고, 지금처럼 강한 바람이 불지."

아저씨는 독심술을 가진 것이 분명하다. 내가 속으로 생각만 했는데 설명하는 걸 보면 말이다. 나는 또 아저씨에게 궁금한 걸 물어보기 시작했다.

"이런 일이 자주 있나요?"

"내가 어렸을 적에는 한 해에 한두 번 정도 있었어. 그것도 잠시 언덕으로 대피했다가 물이 빠지면 곧 괜찮아졌는데, 요즘은 수시로 벌어지는구나. 게다가 파도도 더 커지고 세져서 우리 집도 휩쓸고 가 버렸어. 그래서 요즘은 너무 힘들어. 사람들도 다들 지쳐서 정든 고향을 버리고 떠나고 있어."

덩치 큰 아저씨의 눈망울이 그렁그렁해졌다. 나도 덩달아 울컥해졌다.

"아니, 왜 갑자기 이런 일이 벌어진 거죠?"

왠지 기후재난 때문일 거라며, 내 이름이 나올 것 같은 불길한 예감은 틀리지 않았다.

"이런 기후재난이 갑자기 벌어진 건 아니지. 인류가 오랫동안 저지른 큰 잘못 때문에 우리가 고통을 당하고 있을 뿐이지."

기후재난 책임은 대부분 다른 나라 사람들에게 있는데, 고통은 이곳 키리바시 주민들이 당하고 있다니 이런 옳지 못한 일이 있나? 그 자세한 이야기가 궁금했다.

"산업혁명 이후 각 나라는 경제 발전을 내세우며 많은 공장을 가동하면서 굴뚝마다 시커먼 연기를 내뿜었지. 자동차와 비행기 등을 신나게 타고 다니며 매연을 내뿜어 온 세상을 뒤덮기도 하고. 비만에 이를 정도로 고기를 많이 먹다 보니 소, 돼지를 공장 같은 곳에 가두어 대량으로 키우는 과정에서 트림과 방귀로 엄청난 메탄이 배출되고 있단다. 또 가축을 먹일 곡물을 기르느라 숲을 얼마나 불태웠는지 몰라. 거기다 또 옷은 얼마나 자주 사고 버리는지. 그뿐이니? 일회용 쓰레기는 넘쳐 나고, 에어컨이며 히터에 스타일러까지 편리한 대로 에너지를 펑펑 쓰고 있잖니?"

아저씨 말에 가슴이 뜨끔했다. 나 역시 겨울엔 따뜻하게, 여름엔 시원하게 보내며, 사계절 내내 고기에 과일에 아이스크림이며 과자까지 풍요롭게 먹고 살았다. 이런 내 일상이 키리바시 사람들을 이렇게 공포에 몰아넣었다니 상상도 못 한 일이었다. 침울한 표정을 한 아저씨는 계속 말을 이었다.

"결국 잘사는 나라에서 풍요롭게 산 대가로 생긴 배설물인 그 탄소들이 지구 주위를 감싸서 지구를 온실로 만들어 버렸지. 지구에 왔던 햇빛들이 다시 우주로 돌아가야 하는데 탄소 온실에 갇혀서 지구를 점점 뜨겁게 만들었고, 북극 빙하는 녹고, 해수면은 높아지고, 그 바람에 그 고통을 우리가 고스란히 당하고 있는 거지."

아저씨는 울분에 차서 하소연하듯 사연을 쏟아 내었다. 뉴스에서, 학교에서 들어 보기는 했지만 이처럼 처참한 상황을 경험하고, 직접 생생한 이야기를 들으니 너무 안타깝고, 미안한 마음에 몸 둘 바를 몰랐다. 아저씨는 더 격정적으로 말하기 시작했다.

"그런데 더 분통 터지는 일은 기후재난을 초래한 선진국들은 우리의 고통에 관심이 없어. 제대로 된 대책을 세우지도 않아. 그래서 내 조국 키리바시가 물에 잠기는 이 기막힌 현실을 세상 사람들에게 어떻게든 알리려고 난 슬픈 피에로가 되어 코믹 춤을 추는 거야. 더 많은 사람에게 이 비참한 현실을, 긴

급한 상황을 알리려고 널 초대한 것이고."

아저씨 역시 한 대회에서 우승해서 받은 상금 8,400달러(우리나라 돈으로 약 1,000만 원)로 부모님을 위해 지은 집이 킹 타이드에 파괴되는 아픔을 겪었다고 했다. 아저씨는 기후재난을 경고하며 춤을 추는데 사람들은 그것도 모르고 그저 웃고만 있는 것은 아닌지 걱정되었다.

'아, 어떻게 해야 키리바시가 물에 잠기지 않을까? 아저씨가 고향에서 부모님과 행복하게 살 방법은 없을까?'

그래, 이건 분명 아저씨 잘못이 아니다. 이곳 키리바시 주민들 잘못도 아니다. 선진국 사람들이 무분별하게 에너지를 사용하는 것이 문제다. 고기를 많이 먹는 것도 문제다. 너무 많은 물건을 사고 버리는 소비 행위도 문제다. 그렇다면 어떻게 해야 할까? 에너지 사용을 줄여야 한다. 육류 소비를 막아야 한다. 각종 소비 행위를 줄여야 한다. 그러려면 어떻게 해야 할까?

난 그동안 배운 온갖 지식을 총동원해서 해결 방안을 고민했다. 경제 책에서 읽은 내용이 생각났다. 수요와 공급의 법칙. 값이 비싸지면 수요, 즉 사려는 마음이 줄어든다. 바로 그거다. 일단 에너지와 고깃값을 대폭 올리는 거다. 그러면 비싸서 사람들이 못 사게 되고, 그러면 자연스럽게 에너지와 고기

소비가 줄어들고 그러면 탄소배출이 줄어들고, 온난화도 멈추고, 북극 빙하가 녹는 것도 멈추고… 그러면 카토아타우 아저씨 눈물도 마를 것이다. 이렇게 똑똑한 내가 자랑스럽다.

카토아타우 아저씨에게 가서 내가 생각해 낸 방안을 설명했다. 아저씨 얼굴이 환해졌다.

"기후가 기후재난 해결책을 함께 고민해 줘서 진심으로 고맙구나."

그렇지만 아저씨는 내가 생각해 낸 해결책이 미덥지 않은 모양이었다. 당장 의회를 가든 대통령을 만나든 뭐든 해야 하는데 아저씨는 망설이고 있었다. 답답했다. 내 말대로만 하면 될 텐데 어른들은 왜 실행하지 않는지 화가 났다. 그런 나에게 카토아타우 아저씨는 '노란 조끼 운동'[6]이라는 VR 체험을 추천했다.

'아, 맞다! 여기는 현실이 아니지.'

순간 VR 게임 속에 들어와 있다는 사실을 깨달았다. 몰입하다 보니 자꾸 까먹는다. 아저씨에게 꼭 기후재난으로부터 키리바시를 구해 주겠다고 약속하고 '노란 조끼 운동'을 클릭했다.

펑펑 터지는 요란한 소리에 고막이 찢어질 것만 같았다. 온통 허연 연기로 앞이 잘 보이지 않았다. 여기저기 불길이 치솟고 있었다. 사람들이 연신 기침해 댔다. 눈물 콧물이 범벅이 되어 난리였다. 쭈그리고 앉아 토하는 사람도 많았다. 갑작스러운 광경에 정신을 차릴 수 없었다. 이건 대체 뭐지? 거리에는 수많은 성난 시민들이 구호를 외치고 있었다.

"유류세를 인하하라!"

"서민층 복지혜택을 확대하라!"

"파리여 봉기하라!"

시커먼 전투모를 쓴 경찰들이 방패와 방망이를 들고 시민들을 밀쳐 내고 있었다. 흥분한 시위대는 보도블록을 깨서 돌을 던졌다. 쇼핑몰 전면 유리창이 돌에 맞아 산산조각이 났다. 주차되어 있던 차에 불길이 치솟았다.

경찰은 시위대를 향해 계속 최루탄을 터뜨렸다. 최루탄 연기 때문에 시민들은 눈이 따가워 고통스러워했다. 자꾸만 기침이 나고, 토가 나올 지경이었다. 경찰은 시위대를 거세게 몰아붙였다. 방망이로 사정없이 내리치며 고꾸라지는 사람들을 체포했다. 경찰의 거센 공세에 시위대 전열이 무너지며 사람들이 흩어지기 시작했다. 경찰은 시위대를 뒤쫓았다. 이대로 있다가는 나 역시 경찰 곤봉에 머리통이 깨질 것 같았다.

시위대 한복판에 갇혀 허둥지둥하는 내게 한 누나가 구원의 손길을 뻗었다. 난 얼른 그 손을 잡고 누나가 이끄는 대로 뛰기 시작했다. 누나는 최루탄으로 괴로워하는 내게 마스크와 물수건을 건네주었다. 끈질기게 따라붙는 경찰의 손길이 내 등덜미를 낚아채려는 순간 골목에서 쏟아져 나온 시민들이 경찰에게 반격을 가했다. 그 틈에 나와 누나는 경찰 추적에서 벗어나 골목으로 몸을 피했다. 거기에서는 많은 시민이 숨을 고르고, 생수를 나눠 마시고 있었다.

상황이 조금 안정되어 주변을 둘러보자 익숙한 모습이 눈에 들어왔다. 그 모습에 나는 더 놀랐다. 눈앞에 펼쳐진 것은 그 유명한 에펠탑 그리고 파리의 개선문이다. 난 지금 파리 한복판에 와 있었다. 그런데 이상하게도 거리에는 멋쟁이 파리지앵 대신 온통 노란 조끼를 입은 시위대로 꽉 차 있었다. 다시 시위대가 전열을 정비하더니 시민들은 한목소리가 되어 프랑스 국가인 '라 마르세예즈'를 힘차게 불렀다.

시민이여! 무기를 들어라 / 무장하라 전사들이여 / 전진하라! 전진하라! / 적의 더러운 피가 / 우리 들판을 흐를지니 / 조국의 신성한 수호신이 / 우리 복수심에 불타는 군대를 보살피고 지켜 줄지니 / 자유, 사랑하는 자유의 신이여 / 적과 싸우자 / 적과 싸우자 / 우리 깃발 아래서, 승리의 노래가 / 힘차게 울려 퍼질지니 / 쓰러져 가는 적들도 그대의

승리와 영광을 보리라! / 우리 군대와 시민의 승리를!

 모두 비장해 보였다. 나를 이곳으로 이끌어 준 누나는 눈에 눈물이 그렁그렁한 채 사람들과 함께 힘차게 노래를 불렀다. 그 모습에 내 마음도 뭉클해졌다.
 "누나, 사람들이 왜 다 노란 조끼를 입고 있어요?"
 "우리 프랑스에서는 모든 자동차에 필수적으로 노란 조끼를 두어야 해. 사고가 났을 때 이 조끼를 입고서 다른 사람들 눈에 잘 보여야 2차 사고를 예방할 수 있거든."
 "지금 자동차 사고가 난 것도 아닌데 왜 노란 조끼를 입고 있냐고요?"
 "호호, 너 보기보다 성질이 급하구나. 지금 그 까닭을 설명하려던 참이었거든."
 "앗, 죄송해요."
 "프랑스 정부는 기후위기에 대한 대비를 명분으로 유류세를 대폭 인상했어. 유류세가 뭔지는 아니? 휘발유, 경유 등 각종 에너지에 붙는 세금이야. 유류세가 인상되면 장거리 자동차 운전자들에게는 큰 부담이 되거든. 파리 집값이 워낙 비싸다 보니 파리 외곽에서 자동차로 출퇴근하는 시민들이 많아. 그런데 기름값이 너무 많이 올라 버리면 생활에 큰 부담이 되겠지? 또 화물차처럼 전국을 누비는 차의 기사들도 유류세가 오르면 비용이 많이 들어서 손해를 보게 되지."

"그래도 누나, 기후위기를 막으려면 에너지를 적게 써야 하고, 그러려면 유류세를 인상해서 기름값을 높여야 하는 것 아닌가요? 그래야 사람들이 기름을 적게 사용하고, 탄소배출이 줄어들고, 지구 온난화를 막죠! 그래야 잘못 없는 키리바시 사람들이 킹 타이드로부터 고통당하는 일들이 사라질 것 아닌가요?"

내가 생각했던 기후재난 해결 방안을 열심히 설명했다.

"그래 네 말도 일리가 있어. 그런데 과연 파리 외곽에 사는 일반 시민들이 기후위기의 모든 책임을 져야 할까? 에너지를 정말 많이 쓰는 것은 누굴까? 큰 공장을 가동하는 산업부문에서 에너지를 가장 많이 쓴단다. 또는 부자들이 에너지를 훨씬 더 많이 소비하지. 현재 소득 수준 최상위층 1%는 하위층 50%보다 탄소 배출량이 75배 이상 많아. 그런데 에너지 요금이 인상되어도 부자들은 돈이 많아서 여전히 에너지를 펑펑 쓸 수 있단다."

우리 이야기를 듣고 있던 아저씨가 슬며시 대화에 끼어들었다.

"대기업도 에너지 요금이 오르면 물건값을 올려서 자신들은 손해를 보지 않지. 결국 돈 없는 서민들만 에너지 요금 인상으로 허리가 휘청하지. 게다가 물가까지 오르면 살기가 너무 어렵지 않겠니? 그나마 서민들은 어렵기는 해도 어떻게든 살 수는 있지. 그런데 도시 빈민들은 당장 뜨거운 여름에 에너지 요금 인상으로 선풍기조차 마음대로 틀 수 없어 열사병에 걸려 죽을 수도 있단다. 또 추운 겨울에는 난방을 충분히 할 수 없어서 실제 얼어 죽는 사람들이 잇따라 나오고 있단다."

맞다. 나도 가족들과 그 뉴스를 보면서 안타까워한 기억이 있다. 다시 파리 누나가 말을 이어 갔다.

"기후위기를 해결하는 것은 물론 필요하지. 그런데 무턱대고 에너지 요금을 인상하면 결국 그 피해는 고스란히 서민과 빈민들 몫이 된단다. 이것이 정의로운 일일까? 그것에 프랑스 시민들이 분노해서 노란 조끼를 입고 거리로 나온 거야."

누나 말을 듣고 나는 세게 한 대 얻어맞은 기분이었다. 키리바시 사람들이 불쌍해서 에너지 요금과 고깃값 등을 올려서 소비를 줄이면 모든 문제가 깨끗이 해결될 줄 알았는데, 오히려 물가 인상으로 일반 시민들이 고통 속에 빠지고, 빈민들을 사지에 몰아넣을 수도 있다니 그건 내가 바라는 일이 아니었다.

이 문제는 도저히 내 머리로는 풀 수 있는 문제가 아니다. 너무 복잡하다. 난 머리를 움켜쥐며 절규했다.

"아! 그럼 어떡해?"

그러자 추천 메뉴가 펼쳐졌다.

[용감한 다섯 친구를 찾습니다. '게임 체인저 : 기본소득'으로 당신을 초대합니다.]

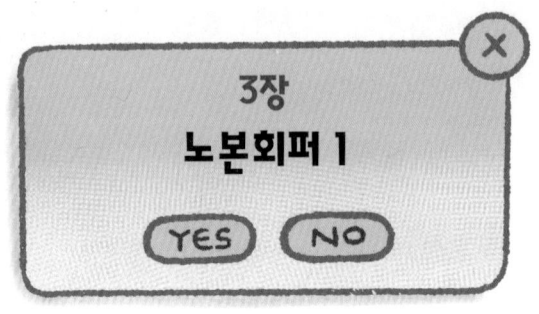

3장
노본희퍼 1

 강렬한 태양, 후덥지근한 날씨가 온 도시를 집어삼켜 버린 듯 세상은 고요했다. 아스팔트는 녹아 질척거린다는 착각이 들 정도다. 그런데 그런 뜨거운 여름을 비웃듯 시끌벅적한 곳이 딱 한 곳 있다. 아파트 한가운데 분수대! 오직 분수대만이 동네 아이들로 시끌벅적하다. 저마다 물총을 뿜내며 신나게 놀고 있었다.
 "돌격, 쏴라! 쏴라!"
 아이들은 서로를 향해 물총 세례를 퍼부었다. 나와 같은 편 친구들은 물이 다 떨어져 갔다. 하는 수 없이 멀리 있는 재석이를 두고 잠시 후퇴했다. 그러는 사이 재석이는 여러 친구에 둘러싸여 공격당하고 있었다. 재석이는 온몸이 흠뻑 젖었다. 눈물인지 물인시 구별되지 않을 정도로 물 범벅이 된 얼굴로 사정했다.

"그만, 제발 그만! 왜 나한테만 이래?"

"어서, 항복하시지. 너희 편은 다 도망갔거든. 빨리 항복해."

아이들은 저항하는 재석이를 향해 일제히 총을 쏴 댔다. 입에도, 콧구멍에도 물이 사정없이 쏟아지자 결국 재석이는 울먹이는 목소리로 항복을 선언하려 했다. 그때 갑자기 쏟아지던 물 사격이 딱 멈추고 아이들이 흩어지며 뒤돌아섰다.

나와 친구들이 다시 물총에 물을 가득 채워 반격했기 때문이다. 나는 재빠른 동작으로 상대편 대장 얼굴을 겨냥해 물총을 쏴 댔다. 대장이 당황해서 멈칫한 사이 포위망을 뚫고 재석이를 등 뒤로 감싸 탈출을 감행했다. 뿔뿔이 흩어졌던 상대편 아이들이 다시 물을 채워 공격해 오기 전에 이 자리를 서둘러 떠나야 했다. 오늘은 수적으로 열세라서 아무래도 작전상 후퇴를 하는 게 나을 듯했다.

아이들은 다 흠뻑 젖었지만 그래도 물총 싸움 덕분에 더위도 날리고, 재미있게 시간을 보내서 만족했다. 재석이는 의리를 지켜 다시 구하러 와 준 나와 친구들에게 고마워했다.

"재석아 너만 두고 우리가 후퇴해서 미안해. 아까는 정신이 없었어. 그래도 우리가 잘 버텼으니 이제 시원하게 아이스크림이나 하나씩 먹을까?"

내 말에 친구들은 환호성을 질렀다. 그러고는 우르르 24시 무인 판매 아이스크림 가게로 달려갔다. 그런데 가게에서 웬 할아버지 한 분이 누군가를 찾고 있었다.

"여기 아무도 없소! 아니 사장이 가게를 비워 두고 대체 어디를 간 거야?"

"할아버지, 누구 찾으세요?"

나는 학교에서 배운 대로 할아버지께 공손하게 여쭈었다.

"그래, 마침 잘 왔다. 얘들아, 여기 사장 어디 갔는지 아니? 아이스크림을 사려는데 사장이 나타나지를 않는구나."

"아, 할아버지 여기는 사장님 없는 가게예요. 그냥 계산하고 아이스크림 가져가세요."

"예끼 이놈아, 가게에 사장이 없다는 게 말이 되니? 그러면 여기 있는 아이스크림이고 과자고 다 훔쳐 가게!"

"할아버지 저기 CCTV 보이시죠? 다 찍히고 있어서 훔쳐 가도 나중에 다 잡혀요. 원하는 아이스크림 골라서 여기 키오스크에서 결제하고 가져가시면 돼요."

나와 아이들은 아이스크림을 집어 들고 바코드를 찍고 난 뒤, 체크카드로 결제를 마쳤다. 할아버지는 눈이 동그래져서 쳐다만 보고 계셨다.

"아니, 난 카드는 없고, 현금만 있는데 그럼 어떻게 하니?"

"할아버지 그러면 아이스크림값을 제게 주세요. 제 체크카드로 결제해 드릴게요."

나는 할아버지가 아이스크림 사는 것을 도와드렸다. 할아버지는 참 신기한 세상이라면서, 도와줘서 고맙다고 여러 번 인사했다. 내겐 너무도 익숙한 무인 편의점이 할아버지께는 낯설 수도 있겠구나 싶었다.

"야, 나 로봇 카페 가 봤어! 거기 바리스타 로봇이 직접 커피를 만들어 줘. 엄마 말씀으로는 사람 못지않게 커피 맛이 좋다던데!"

"야야, 우리 동네 로봇 치킨점 생기는 것 알아?"

"그건 또 뭐야? 치킨집 사장님들 온종일 기름 앞에서 치킨 튀기느라 엄청 힘든데 로봇이 이제 치킨을 알아서 튀겨 준대."

"난 드론이 배달해 주는 피자 먹어 본 적 있는데."

"응, 공원에서 피자 주문하면 라이더들이 배달해 주는 것이 아니라 드론이 피자를 갖고 날아오더라."

"와! 대박 신기하다."

우리는 아이스크림을 먹으며 로봇 이야기에 빠졌다. 그러고 보면 여기저기 로봇이 정말 많다. 할아버지, 할머니 어렸을 적에는 로봇은 TV 만화영화에만 나왔다고 한다. 그러다가 엄마, 아빠 어렸을 때는 산업용 로봇이 공장에서 활약했다고 한다. 요즘은 공장 로봇은 당연하고, 이제 가게와 가정에서도 로봇을 쉽게 볼 수 있게 됐다. 사람만이 할 수 있다고 생각했던 서비스업에도 로봇이 속속 등장하고 있다.

말벗이 되어 주는 로봇도 있고, 수업 시간에 문제 풀이를 도와주는 AI 로봇까지 정말 우리 생활 속에 로봇은 점점 깊숙이 자리 잡고 있다. 덕분에 힘들게 일하지 않아도 되니 참 좋은 세상이다.

"야! 우리도 로봇 있잖아. 사람처럼 말도 하고, 아이스크림도 먹고, 물총 싸움이며, 피구도 엄청나게 잘하는 로봇!"

재석이 말에 난 깜짝 놀라 물었다.

"야 그런 로봇이 어디 있어? 누가 그런 로봇을 갖고 있어?"

"어디 있긴? 너 로봇 아니야? 넌 이름부터가 로봇이잖아?"

"뭐라고? 야 나는 노본회퍼라고. 내 이름이 무슨 로봇이야?"

내 이름으로 또 장난질 치려는 걸 눈치채고 발끈했다. 아이들은 노본회퍼라는 특별한 내 이름 때문에 가끔 놀린다. 노본이랑 로봇이랑 발음이 비슷하다나? 내 이름에 담긴 깊은 뜻을 모르는 친구들에게 내 이름은 그냥 놀림감일 뿐이다. 사실 내 이름이 특별하기는 하다.

친구들과 헤어져 엄마가 일하는 사무실로 갔다. 며칠째 집에 들어오지 못한 엄마 얼굴을 보러 가는 길이다.

그 선한 힘에 고요히 감싸여 / 그 놀라운 평화 누리며
나 그대들과 함께 걸어가네 / 나 그대들과 한해를 여네

오늘도 엄마 사무실에는 찬송가 〈선한 능력으로〉가 울려 퍼지고 있었다. 등에 하얀 글씨로 '해고 노동자를 정든 일터로', '인간다운 삶 쟁취', '로봇 NO, 노동자 YES' 등 갖가지 구호가 적힌 빨간 조끼를 입은 노동자들로 엄마 사무실은 북적였다.

우리 엄마는 목사다. 그런데 다른 목사님처럼 교회에서 설교하지 않는다. 엄마의 일터는 노동인권센터다.

엄마는 독일에서 신학박사 학위를 받았다. 그곳에서 독일인 아빠와 만나 사랑에 빠졌고 덕분에 나는 세상에 나올 수 있었다. 엄마와 아빠가 가장 존경하는 인물은 나다. 사실은 내가 아니라 본회퍼이다. 그래서 내 이름은 본회퍼. 본회퍼가 누구냐고?

제2차세계대전 당시 독일인들은 아돌프 히틀러에게 열광했다. 히틀러는 인종차별주의를 내세운 독재자다. 아리안족인 독일 게르만 민족은 위대하므로 열등한 유대인과 집시[8] 등에 대한 홀로코스트[9]는 정당하다고 주장했다. 독일 교회 역시 히틀러 정책을 전폭 지지했으며 심지어 히틀러를 구세주로 칭송했다.

당시 본회퍼는 히틀러의 인종차별주의가 예수님 사랑도, 하나님 뜻도 아니라고 생각했다. 그래서 히틀러에 저항하는 '고백교회'를 설립하고 히틀러에게 맞서 참신앙 회복을 위해 노력했다. 이런 본회퍼를 독일 나치는 가만두지 않았다. 감시와 탄압이 계속되었고 본회퍼를 독일군으로 징집하려고 했다. 반나치주의자이었으며, 평화주의자였던 본회퍼는 징집을 피해 영국에서 신학 연구를 지속했다. 본회퍼를 아끼는 사람들은 아예 미국으로 망명할 수 있도록 모두 준비해 두었다. 하지만 본회퍼는 독일로 돌아가겠다고 했다.

"동포들이 어둠 속에서 시달리고 있다. 누군가는 그들을 섬겨야 한다."

모두가 그의 귀국을 말렸지만, 본회퍼는 강한 신념을 갖고 귀국을 강행했다. 본회퍼는 말했다.

"악을 보고도 침묵하는 것은 그 자체가 악이다."

"미친 운전자가 행인들을 치고 질주할 때, 목사는 사망자의 장례를 돌보는 것보다는 핸들을 뺏어야 한다."

그는 신념대로 반나치 운동을 벌였으며, 독일 내 유대인들을 구출하는 '작전 7'을 수행했다. 또한 히틀러 암살 작전에 가담해서 히틀러를 암살하고, 친위대를 제압한 뒤 영국과 강화[10]협정을 맺어 제2차세계대전을 끝낼 계획을 추진했지만 결국 실패했다.

본회퍼는 제2차세계대전 종전을 겨우 한 달 앞둔 1945년 4월 9일에 강제수용소에서 교수형[11]으로 처형당했다. 본회퍼가 투옥 중 쓴 시를 찬송가로 만든 것이 엄마와 아빠가 가장 즐겨 듣는 〈선한 능력으로〉이다.

그 선한 힘에 고요히 감싸여 / 그 놀라운 평화 누리며

나 그대들과 함께 걸어가네 / 나 그대들과 한 해를 여네
지나간 허물 어둠의 날들이 / 무겁게 내 영혼 짓눌러도
오 주여 우릴 외면치 마시고 / 약속의 구원을 이루소서
그 선한 힘이 우릴 감싸시니 / 믿음으로 일어날 일 기대하네
주 언제나 우리와 함께 계셔 / 하루 또 하루가 늘 새로워

엄마는 본회퍼를 존경해서 그처럼 불의에 맞서고, 가장 고통받는 이들과 함께하는 삶을 사는 것이 목사의 삶이라고 생각해 실천한다. 그런 엄마가 자랑스럽기도 하고 때로 불편하기도 하다.

얼마나 본회퍼를 존경했으면 자식 이름을 본회퍼로 지었을까. 내 독일 이름은 디트리히 본회퍼. 본회퍼가 성이고 디트리히가 내 이름이다. 내 아버지는 파울루 본회퍼이다. 그런데 한국에 오니 한국 이름이 필요해서 엄마 성인 '노'씨에 독일 성인 '본회퍼'를 한국 이름으로 넣어서 노본회퍼가 된 것이다. 말하자면 많이 복잡해서 이런 속사정까지 구구절절 설명하지 않는다.

그런데 오늘은 엄마 사무실 분위기가 예사롭지 않았다. 난 엄마에게 고개를 숙여 인사했지만, 엄마는 눈인사만 할 뿐 나를 반겨 주지 않았다. 엄마의 저런 무심한 태도에 이골이 나서

이제 아무렇지도 않지만, 어렸을 때는 너무 속상해서 떼를 쓴 적도 많다.

엄마와 노동자들의 심각한 회의는 계속되었다.

"회사에서는 이번에 로봇을 추가로 도입할 계획을 발표했습니다. 그로 인한 감원은 없다지만 솔직히 불안합니다."

"제가 경력 10년 차인데 아직도 막내입니다. 제 밑으로는 후배 사원을 하나도 뽑지 않습니다. 로봇 설비 투자만 계속합니다."

"맞습니다. 대책이 필요합니다. 이대로 있다가는 로봇한테 우리 일자리를 다 빼앗기고 우리는 거리로 쫓겨나 그대로 굶어 죽게 생겼습니다."

'로봇 때문에 사람들이 굶어 죽게 생겼다고?'

머릿속이 복잡했다. 분명 친구들과는 로봇 덕분에 세상이 편리해지고 좋아질 거라며 로봇 가득한 세상을 얘기했는데. 엄마 사무실에서 만난 노동자들의 절절한 이야기를 들으니 로봇이 인간을 잡아먹는 악마처럼 느껴졌다.

결국 바쁜 엄마와는 차분히 이야기를 나눠 보지도 못한 채 엄마 얼굴 잠깐 본 것으로 만족하고 집으로 발길을 돌렸다.

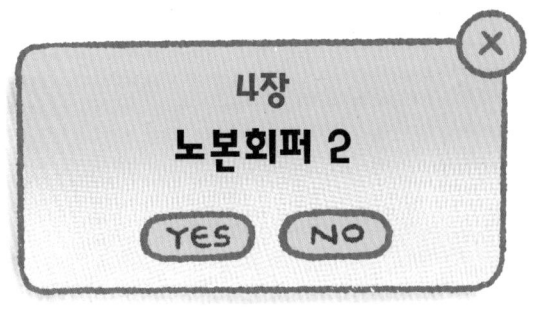

침대에 누워서도 로봇 생각으로 마음이 무겁다. 노동자 누나와 형 그리고 아줌마와 아저씨들은 앞으로 어떻게 될지 걱정됐다. 가만히 생각해 보니 남 문제가 아니라 곧 닥칠 내 문제이기도 했다. 로봇들이 일을 다 해 버리면 난 뭘 해 먹고살지? 생각이 거기에 미치자 더 큰 두려움이 엄습했다.

이렇게 머릿속이 복잡할 때는 아빠와 엄마가 책 읽어 주던 어린 시절이 더 그립다. 늘 부모님은 내게 재미난 옛날이야기를 들려주기도 했고, 그림책을 소리 내어 읽어 주셨다. 하긴 요즘은 옛날이야기를 듣는 것보다 더 생생하게 직접 체험할 수도 있지. 바로 VR 게임기 덕분이다. 그러고 보면 정말 뒤죽박죽이다. 기술이 발달해서 잃는 것도 있고, 또 더 좋아지는 것도 많다. 뭘 선택해야 할지 모르겠다.

복잡한 마음과 달리 나는 어느새 VR 고글을 착용했다.

[용감한 다섯 친구와 함께 떠나는 신나는 모험 스테이지3에 오신 것을 환영합니다.]

이전 스테이지 줄거리가 간단히 소개되었다.

세상 구경에 나선 단지손이는 오줌손이, 콧김손이, 배손이, 무쇠손이를 길에서 만나 친구가 되었다. 산골 외딴집에서 만난 호랑이들은 다섯 친구를 잡아먹으려고 '나무 베기' 내기를 제안했다. 호랑이들은 쓱싹쓱싹 톱질을 열심히 했지만, 얼마 지나지 않아 힘들어서 헉헉거렸다. 반면 다섯 친구는 너무 쉽다는 표정이었다. 단지손이가 나무를 맨손으로 툭툭 치기만 해도 나무들은 쓰러졌다. 콧김손이가 콧바람을 불자 엄청난 바람이 불며 순식간에 나무 수십 그루가 쓰러졌다. 무쇠손이가 무쇠신으로 나무를 차자 나무들이 이쑤시개처럼 나가떨어졌다. 순식간에 산에 있는 나무들을 다 베었다. 내기에 진 호랑이들은 살려 보내 주겠다는 약속을 어기고 어흥 포효하며 다섯 친구에게 덤비는데…….

퀘스트: 용감한 다섯 친구를 도와 호랑이를 물리쳐라!

보상: 원하는 아이템을 영원히 획득

아이템: 슬라임, 상어 전동물총, 트램펄린, 밧줄, 그물

난 당연히 상어 전동물총을 골랐다. 날렵한 상어 모양 전동

물총은 대용량으로 물을 많이 담을 수 있었다. 게다가 전동이라 방아쇠만 당기면 초강력 물줄기가 멀리 뻗어 나갔다. 좀 크긴 했지만, 가슴에 딱 붙이면 착 달라붙는 느낌도 좋았다. 다섯 친구가 걱정되어 얼른 아이템을 선택하고는 서둘러 이동했다.

다섯 친구는 호랑이들에게 포위되어 있었다. 수많은 호랑이가 겹겹이 에워싸고 으르렁거렸다. 나는 호랑이 똥구멍을 정조준해서 방아쇠를 당겼다. 초강력 물줄기로 똥침을 당한 호랑이는 고통을 호소하며 날뛰었다. 많은 호랑이를 다 상대할 수는 없었다. 그 안쪽 호랑이 똥구멍을 겨냥해서 정확히 쐈다. 강력한 물줄기 공격을 당한 호랑이가 발버둥을 치며 괴로워하는 바람에 옆 호랑이까지 떠밀려 대오가 일거에 흐트러졌다. 가장 안쪽에서 포위하고 있던 호랑이가 무슨 일인지 고개를 돌려 쳐다보는 순간 호랑이 눈과 콧구멍을 향해 물총을 쐈다. 호랑이는 눈을 뜰 수 없었다. 세차게 밀려 들어오는 물 때문에 숨도 제대로 쉴 수 없어서 그 자리에 고꾸라졌다.

다섯 친구는 그 틈을 이용해서 포위망을 뚫고 빠져나올 수 있었다. 뒤늦게 전열을 정비하고 덤비는 호랑이 목덜미를 단지손이가 큰 손으로 잡아 집어던졌다. 무쇠손이는 무쇠 신으로 호랑이를 뺑뺑 차서 날려 보냈다. 나도 계속 호랑이들을 물총으로 정조준해서 다섯 친구를 도왔다. 그때 한 호랑이가 나를 향해 맹렬히 달려와 덮쳤다. 나는 상어 전동물총을 들어 그 호랑이를 쏘려 했지만, 호랑이가 더 빨랐다. 거대한 호랑이 몸집에 그대로 깔리려는 순간 어디선가 큰바람이 불어와 호랑이가 저 멀리 나뒹굴었다. 위기일발의 순간 콧김손이가 콧바람으로 호랑이를 날려 나를 구했다. 콧김손이에게 왼손 엄지를 들어 최고라고 고마움을 표했다.

그때 폭포수 같은 물이 쏟아졌다. 언덕에 오른 오줌손이가 콸콸 오줌을 싸 댔기 때문이다. 호랑이들도 나도 다른 친구들도 모두 오줌 강물에 빠져 허우적대었다. 그때 배손이가 옷고름에 매단 배를 풀어서 나와 친구들을 배에 태웠다. 아찔한 순간이 있긴 했지만 용감한 다섯 친구와 함께한 모험이 즐거웠다.

[호랑이 퇴치 퀘스트 완료! 상어 전동물총 아이템 획득 – 영원히 자유롭게 사용 가능]

게다가 상어 전동물총 아이템까지 갖게 되어 더 기뻤다. 그런데 기쁨은 그게 끝이 아니었다. 잠시 후 기록을 살펴보고 더 큰 환호를 질렀다.

[도전자 가운데 최고의 전략으로 가장 빨리 퀘스트를 달성했기에 각종 물총 아이템 추가 지급 결정!]

당당히 기록 1위에 노본회퍼 이름도 올리고, 연속 사격 기

관총 물총, 전동 물총, 물풍선 물총, 배낭형 물총, 펌프식 물총 등 다양한 물총 아이템도 획득했다.

　VR 게임을 빠져나오며 나도 재주 많은 친구들과 함께 로봇들을 이기고 세상을 구하면 좋겠다고 생각했다.

　'그래 맞아. 로봇들을 다 없애 버리는 거야. 그러면 노동자들이 일자리를 빼앗길까 봐 고민할 필요도 없잖아. 그러면 엄마도 일이 줄어들겠지. 그래, 로봇을 다 없애 버려야 해. 어떻게 하면 로봇을 없앨 수 있을까?'

　잠시 생각에 빠진 사이 새로운 VR 게임들이 내 선택을 기다리고 있었다. 무얼 고를지 새 게임 목록을 내려보다가 한 게임이 눈에 들어왔다.

　[생존을 건 한판 대결, 기계와의 전쟁 - 러다이트]

　왠지 나에게 문제 해결 실마리를 줄 것 같은 직감이 들었다. 더 고민하지 않고 바로 새 게임으로 들어갔다.

"군대가 오기 전에 빨리 여길 떠나야 해!"

　검은 복면을 두른 아저씨가 외쳤다. 불길이 곳곳에 치솟고 있었다. 공장 안은 부서진 기계들로 난장판이었다.

　"탕, 탕, 탕!"

　총소리가 들리기 시작했다. 복면을 쓴 아저씨를 따라 영문도 모른 채 서둘러 도망치기 시작했다.

　아저씨들은 우렁찬 목소리로 노래를 부르기 시작했다. 아주 비장하고, 힘찬 노래였다.

　오, 나의 젊은 마무리 노동자[12]들이여 / 나의 용감한 젊은 이들 너무도 당당하게 전단기[13]를 깨부수는 / 나의 젊은 마무리 노동자들이여 특권층은 오늘도 앞장서 가고 / 군인들이 밤마다 우리를 에워싸지만, 망치와 창과 소총을 들고 / 마무리 노동자들은 변함없이 춤을 춘다네

　노래가 다 끝나기도 전에 군인들이 들이닥쳤다. 아저씨들은 더 여유를 부릴 수 없었다. 줄행랑치기 시작했다. 군인들의 추격은 거셌다. 몇몇 아저씨들은 군인들이 쏜 총에 고꾸라졌다. 총을 맞고 피를 흘리는 아저씨들 모습에 나는 바짝 졸았다. 너무 긴장해서 앞만 보고 달렸다. 심장이 터질 것만 같았다. 그래도 살아야 한다. 어딘지도 모르는 여기서 죽을 수는 없다. 엄마, 아빠, 친구들 얼굴이 스쳐 지나갔다. 아저씨들 복면이 하나둘 벗겨졌다. 생각보다 나이 많은 아저씨들도 있어서 깜짝 놀랐다. 아저씨들은 도망치느라 바빠서 복면을 고쳐 쓸 여유를 갖지 못했다.

그렇게 한참을 달려서야 겨우 군인들을 따돌릴 수 있었다. 들판에 그대로 나동그라졌다. 대자로 뻗어서 거친 숨을 몰아쉬었다. 토가 나오려는 것을 겨우 참았다. 아저씨들도 거친 숨을 몰아쉬며 힘겨워 보였다.

시간이 흐르고 숨이 좀 안정되니 살 것 같았다. 그러자 궁금증이 한꺼번에 쏟아졌다.

'여긴 어디? 저 아저씨들은 도대체 누구? 왜 군인들에게 쫓기는 거지? 아까 공장의 기계들은 왜 다 부서진 걸까? 불은 누가 질렀을까? 앞으로 내 운명은 어떻게 되는 거지?'

궁금한 것이 너무 많았다. 아저씨들도 갑자기 나타난 나에게 궁금한 게 많아 보였다. 옆자리 아저씨에게 궁금증을 쏟아내었다. 다행히 아저씨는 친절하게 하나하나 답해 줬다.

"우린 러다이트이지."

"러다이트요? 그게 뭐예요? 다이어트는 알아도. 러다이트는 처음 들어 보는데요?"

"다이어트 그건 뭐니? 러다이트가 뭔지 알려면 여기가 어떤 곳인지, 우리가 무슨 일을 하는 사람인지부터 설명이 필요하겠구나. 이야기가 좀 긴데 괜찮겠니?"

"네, 좋아요."

"여긴 영국 중북부에 있는 노팅엄셔라는 곳이야. 직물 공장

들로 가득 찬 곳이지. 예전에는 주로 양털로 옷감을 짠 모직물이 많았고, 요즘은 목화솜을 이용해서 실을 뽑아 옷감을 짜는 면직물이 많지. 우린 숙련된 방직공, 편물공이란다. 실을 뽑거나 옷감을 짜는 기술이 뛰어난 장인들이지."

"그런데 왜 무기를 들고 싸우는 거예요?"

"그게 다 방적기계와 편물기계 때문이란다. 그전에는 우리 손으로 여덟 개의 방차를 연결해 여덟 가닥의 실을 동시에 뽑아냈는데, 공장 사장이 새로 들인 제니방적기는 증기기관을 이용해서 방추 수를 최소 300추 이상으로 늘려서 300가닥 이상의 실을 뽑아내더구나. 그 바람에 우리와 같은 숙련공이 필요 없어졌지. 기계 중심의 세상이 되어 버린 거야."

옆에서 듣고 있던 다른 아저씨가 말을 이어 갔다.

"편물기계가 들어오면서 그동안 우리 같은 전문 기술을 가진 남자들이 하던 일을 이제 손가락을 빠르게 놀리는 법을 배운 아이들이 낮은 월급으로 대신한단다. 그 바람에 우리는 일자리를 잃고 굶어 죽게 생겼으니 화가 나지 않겠니?"

한 아저씨는 신문 기사를 보여 줬다. 1818년도 신문이었다.

증기기관 하나가 때로는 1,000명의 사람을 실업자로 만들고, 모든 노동자에게 나누어질 이익을 한 사람의 손에 넘긴다. 기계가 새롭게 개선될 때마다 숱한 가정의 빵이 강탈된다. 증기기관이 하나 만들어질 때마다 거지들의 숫자가 늘어난다. 머지않아 모든 돈이 수천 가문의 수중에 들어가고, 나머지 사람들은 그들에게 잘 보이려고 애걸하게 되는 사태를 예상할 수도 있다.

17세기 초반 아저씨들의 이야기를 들으며 그 이야기가 전혀 낯설지 않았다. 내가 사는 21세기 초반에도 똑같은 일이 벌어지고 있다. 기계가 로봇과 AI로만 바뀌었을 뿐이다. 옷감 공장에서 벌어졌던 일이 주유소, 음식점, 카페, 공장, 가정, 회사 등 전 분야로 확대된 것만이 다를 뿐이었다.

로봇들을 다 없애면 노동자들 일자리가 지켜질 거라고 믿었는데, 이 아저씨들도 같은 심정이구나 싶었다. 나는 아직도 풀리지 않는 궁금증을 조심스레 물었다.

"그런데 왜 러다이트라고 하는 거예요?"

"아, 그건 말이다, 기계 파괴 운동을 처음 시작한 인물이 제너럴 러드(General Ludd) 또는 네드 러드(Ned Ludd)이기 때문이지. 우리가 바로 제2의, 제3의 러드라는 의미야. 그나저나 네가 아까 말한 다이어트는 뭐냐?"

"아, 그건 말이에요, 너무 많이 먹어서 살이 찐 사람들이 살을 빼려고 하는 운동을 말해요."

"뭐라고? 너무 많이 먹어서 살이 쪄서 고민이라고? 참 별난 세상이구나. 그런 세상이 실제 있단 말이니? 결국 우리가 이렇게 싸우는 것도 일자리를 잃어 굶주림에 시달릴까 봐 걱정되어서인데 살이 쪄서 걱정인 세상이 있다니 참 부럽구나."

그때 한 아저씨가 심각하게 이야기를 이어 갔다.

"상황이 좋지 않구나. 기계를 파괴하는 노동자는 사형에 처할 수 있다는 법안이 통과되어 1813년 2월 러다이트 운동을 주동한 열네 명의 우리 동지들이 교수형을 당했단다. 오늘도 우리 동지 몇몇은 정부군의 총에 맞아 죽고, 다쳤으니 걱정이

크단다."

"그러게, 말이야. 정부는 우리와 같은 노동자 편이 아니야. 공장주와 자본가 편만 들고 있으니 도대체 이 싸움이 어떻게 되려나 걱정이 이만저만이 아니야."

듣고 있던 나는 조심스레 물었다.

"그러면 아저씨들은 앞으로 어떻게 하실 생각이에요?"

"우리야 당연히 끝까지 싸워야지. 의회가 민중에게 해로운 모든 기계를 폐기하는 법안을 통과시키고, 우리 러다이트를 사형에 처하는 법을 폐지할 때까지 우리는 결코 무기를 놓지 않을 거야."

다른 아저씨도 거들고 나섰다.

"그럼, 그렇지. 기계 없는 세상, 사람이 존중받는 세상을 만들어야지. 자 그런 의미에서 우리 다 함께 노래를 부르자고!"

아저씨들은 모두 자리에서 일어나 두 주먹을 불끈 쥐고 힘차게 노래를 불렀다.

기운 세게 내려치는 오, 나의 씩씩한 젊은이들이여 / 전단기를 때려 부수는 오, 나의 젊은 마무리 노동자들이여 위대한 에녹[14]들이 선두에 서니 / 누가 감히 그를 막으랴 누가 막을 수 있으랴 / 망치와 창과 총을 들고 용감한 자들아 밀

치고 나아가라 / 오, 나의 젊은 마무리 노동자들이여

나는 그 아저씨들에게 차마 진실을 말할 수 없었다. 아저씨들의 노력에도 불구하고 미래는 기계로 가득 찬 세상이 되었다는 사실을 알릴 수 없었다. 아저씨들을 실망하게 할 수 없었기 때문이다. 그러면서 한편 나 역시 아저씨들과 다를 바 없지 않을까 생각이 들었다. 로봇을 다 없애면 문제가 해결될 거로 생각했는데 과연 로봇을 다 없앨 수 있을까?

정부가 노동자들의 요구를 들어줄지, 이곳 1800년대 영국 정부처럼 똑같이 자본가들의 편을 들어주는 것은 아닐지, 그렇다면 노동자들만 희생되는 것은 아닌지 걱정이 되었다.

그뿐만 아니라 또 다른 의문이 꼬리를 물었다.

만약 러다이트 아저씨들이 원하는 대로 방직기가 다 사라지면 여전히 힘들게 노동자들이 옷감을 짜야 할 테고, 그 양도 많지 않을 테니 값도 엄청 비쌀 것이 뻔했다. 지금 내가 입고 있는 이 옷도 엄청 비싼 돈을 줘야 겨우 살 테고, 아니 어쩌면 내 옷장엔 여름옷과 겨울옷 한 벌씩만 있을지도 모를 일이다. 기계가 발명되지 않았으면 여름에 아이스크림을 펑펑 먹지도 못했을 거고, 핸드폰도 못 썼을 텐데, 나는 정말 기계가 사라지길 바라는 이 아저씨들 생각에 찬성하고 있는 걸까?

아 머리가 너무 복잡했다. 내 힘만으로는 도저히 이 문제를 풀 수 없을 것 같았다. 가슴이 답답해서 미칠 것만 같아 악을 쓰듯 외쳤다.

"그럼 어떡해?"

그러자 갑자기 나는 초기 화면으로 튕겨 나왔다. 그러더니 눈앞에 추천 메뉴가 펼쳐졌다.

[용감한 다섯 친구를 찾습니다. '게임 체인저 : 기본소득'으로 당신을 초대합니다.]

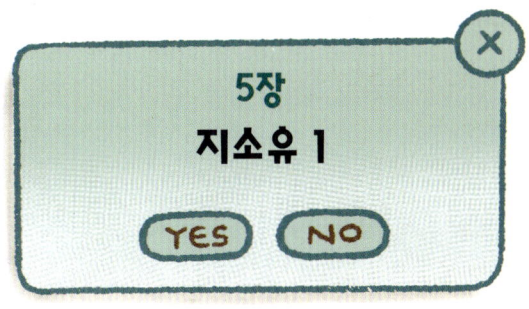

5장 지소유 1

 나는 엘사다. 옅은 백금발 머리카락을 휘날리며, 하늘색에 가까운 눈동자에, 눈처럼 하얀 피부를 가진, 아렌델의 여왕으로 손만 대면 모든 것을 얼릴 수 있는 강력한 마법의 소유자 엘사…가 아닌 엘에이치(LH, 한국토지주택공사 임대 아파트)에 사는 사람 엘사다. '엘에이치에 사는 사람'을 낮잡아 놀릴 때 엘사라고 부른다.

 실제로 친구들이 나를 엘사라고 놀린 적은 없다. 빌라에 살면 빌거지, 전세 살면 전거지, 월세 살면 월거지라고 놀리면 안 된다고 선생님이 말씀하셔서 알게 됐다. 이런 상황을 긁어 부스럼[15]이라고 한다. 원래 우리는 전세, 월세, 자가[16] 이런 말 자체가 뜻하는 바를 잘 몰랐다. 그런데 일부 잘못된 이야기가 온라인 카페에서 떠돌고 그것을 신문과 방송에서 대대적으로 보도하고, 다시 선생님과 부모님 입을 통해서 우리 귀에까지 전해지면 엘사나 전거지 같은 말이 우리 입에도 오르내리게 된다.

 물론 이 일이 아예 없는 일은 아니다. 우리 학교도 한바탕 소동이 휩쓸고 갔다. 아직도 등굣길에 펄럭이는 현수막은 그 전쟁의 상처가 아물지 않았음을 증명하고 있다.

 "임대 아파트와 학구17) 통합 반대!"
 "민영 아파트 단독 학구 약속 이행하라!"
 "단결해서 교육권, 재산권을 지켜 내자!"
 저게 무슨 소리냐고? 우리가 사는 동네는 재개발이 한창이다. 원래 오래된 주택이나 빌라가 대부분이었다. 그런데 도시 재개발 사업으로 큰 평형의 민영 아파트와 작은 평형의 주공 임대 아파트가 들어섰다. 아파트를 분양할 때는 새로운 학교를 짓는

민영 아파트 단독 학구 약속 이행하라!

다고 했다가 요즘 저출산으로 입학할 아이들이 줄었다면서 갑자기 계획을 바꾸었다. 원래 있던 학교 공간을 조금 넓혀서 기존 학교에 다니던 아이들과 새 아파트에 이사 온 아이들이 같은 학교에 다니게 된 거다. 그러면서 갈등이 시작되었다.

민영 브랜드 아파트 주민들은 새로운 학교를 만들어서 아파트 아이들만 다니게 하고 싶어 했다. 그러든지 말든지 난 별 상관을 안 한다. 다만 억울하다. 왜 갑자기 우리가 거지로 취급받아야 하는 건지 알 수 없다.

더 웃긴 건 그래 봤자 서울 강남에 비하면 우리 동네는 변두리라서 브랜드 아파트에 살든 임대 아파트에 살든 결국 놀림을 받는다는 것이다. 게다가 우리 동네에 들어선 아파트는 일반 브랜드이고, 최상위급 명품 브랜드 아파트는 따로 있는데 자기들이 마치 최고인 양 거들먹거리는 모습이 너무 꼴불견이다. 상위 1% 저 높은 곳 부자들 보기에는 도토리 키재기일 텐데 서로들 내가 더 크다고 아웅다웅하는 꼴이 얼마나 우스꽝스러울까?

그뿐인가? 상위 1%라고 꼴값을 떠는 것들이 상위 0.1% 눈에는 얼마나 꼴불견일까. 상위 0.1%는 상위 0.01% 눈에 얼마나 꼴불견일까. 상위

0.000000001%도 결국 신 앞에서는 꼴불견이다. 죽을 때 아파트나 외제 차 끌어안고 갈 수도 없는데 자기가 더 잘났다며 돈 없는 사람을 차별하는 어리석은 인간들. 말세다, 말세야.

이런 생각에 나도 모르게 혀를 차며 고개를 젓고 있는데, 하민수가 갑자기 말을 걸었다.

"야, 황소 뭘 그리 골똘히 생각해?"

"뭐? 내가 왜 황소야!"

"네가 지~소유라고 이름으로 주장하잖아! 흐흐, 소 중에는 우리나라 황소가 최고지. 왜 얼룩소가 더 좋아??"

"아, 나 황소 아니라고! 내가 황소면 넌 하마냐?"

난 말문이 콱 막혔다. 하필 성이 지씨. 게다가 이름은 소유일까? 이름 때문에 말도 안 되는 놀림을 받긴 하지만 내 이름은 그냥 막 지은 이름이 아니다. 부모님의 철학이 담긴 이름이다. 우리 부모님은 불자다. '불자'하면 또 불구자나 장애인을 떠올리는 무식한 아이들이 있을 거다. 불교 신자, 불교를 믿는 사람을 줄여서 불자라고 부른다.

우리 부모님은 두 분 다 법정 스님을 존경한다. 법정 스님이 쓴 『무소유』라는 수필이 있다. 아주 짧은 이야기이다.

법정 스님이 선물로 받은 난초를 애지중지 키웠다고 한다. 외출할 때도 이 난초 걱정에 서둘러 돌아오곤 했단다. 하루는 난초를 뜰에 내놓은 채 밖에 나왔다가 난초 생각에 허겁지겁 집에 돌아와 보니 난초는 뜨거운 햇볕에 잎을 축 늘어뜨리고 있었다. 이에 무척 속상해하는 자신을 보고 법정 스님은 난초에 대한 집착이 괴로움을 불러일으키고 있음을 깨달았단다.

거기서 벗어나기 위해 며칠 뒤, 놀러 온 친구에게 그 난초를 선물했다. 비로소 스님은 얽매임에서 벗어나 날아갈 듯 홀가분한 해방감을 느꼈단다. 그 후 물질에 대한 집착을 버리고 꼭 필요한 것만으로, 소박하게 살아가는 삶을 추구했다고 한다.

사람들은 더 많은 자기네 몫을 위해 끊임없이 싸우고 있다. 소유욕에는 한정도 없고 휴일도 없다. 국가들도 마찬가지여서 이득을 위해서는 전쟁도 벌인다. 하지만 크게 버리는 사람만이 크게 얻을 수 있다고 한다. 아무것도 갖지 않을 때 비로소 온 세상을 갖게 된다는 것이 법정 스님의 말씀이다.

난 솔직히 잘 모르겠다. 크게 버리는 사람만이 크게 얻을 수 있다니 현실적으로 말이 되나? 자꾸 벌어들여야, 차곡차곡 쌓아야 부자가 되고, 크게 얻는 것 아닌가?

엄마와 아빠는 재산에 집착하지 않는다고 했다. 좁은 임대 아파트에 살지만, 그걸로 충분하다고 한다. 내가 보기에는 솔직히 능력이 없어서 큰 아파트에서도 못 살고, 좋은 차도 없는 것 같다. 그냥 그걸 그대로 인정하면 창피하니까 정신승리하고 있지 않은가 싶다.

　중국 유명 소설가 루쉰이 쓴 『아Q정전』 주인공 아Q는 엄청난 얼간이였다. 길을 가다가 깡패를 만나 얻어맞고도 "나는 아들한테 맞은 격이다. 아들뻘 되는 녀석과는 싸울 필요가 없으니, 나는 정신승리한 것이다."라며 스스로 우쭐했다. 여기서 나온 '정신승리'라는 표현은 져 놓고도 자기는 지지 않았다고 정당화하는 모습을 가리킨다. 이는 이솝우화에 나오는 「여우와 신 포도」[18]와 비슷한 이야기다.

　아빠와 엄마가 아Q나 여우와 다를 바 없다고 하면 너무 심한 말일까? 그렇다고 엄마와 아빠가 원망스럽거나 부끄러운 것은 아니다. 가난하다고 기죽고, 불평불만만 하는 것보다는 당당한 무소유 정신이 훨씬 낫다. 나도 그 점은 엄마 아빠를 빼닮았다.

　어쨌든 엄마와 아빠는 법정 스님의 무소유 정신을 늘 기억하며 살기 위해서, 그리고 나 역시 그런 딸로 성장하길 바라서 지소유라고 이름을 지었다고 한다. 물론 뜻밖에도 성이 지씨다 보니 모든 것이 다 자기 소유라고 무소유의 반대로 읽히는 문제가 있기는 하다. 지소유와 무소유 어쩌면 그 사이 어디쯤 내가 있는 게 아닐까?

　그래도 내 방은 따로 있었으면 좋겠다. 방 두 개짜리 집이다 보니 난 지자비랑 방을 같이 쓴다. 지자비는 늦둥이 동생이다. 기독교가 '사랑'을 이야기한다면 불교는 '자비'를 말한다. 자비는 중생들에게 즐거움과 복을 주고 고통과 괴로움이 없게 해 주고 싶은 마음이다. 우리 동생이 그런 자비를 베푸는 사람이 되라는 불심 깊은 부모님 뜻이 담긴 이름이다. 동생은 또 학교에 가면 어떤 놀림을 받을지 벌써 걱정스럽다.

동생은 오늘도 쉽게 잠들지 못한다. 오늘은 아빠 차례다. 아빠가 동생에게 책을 읽어 주는 날이다. 그런데 아빠가 없다. 사실 엄마도 없다. 두 분 다 정토회[19]에서 주관하는 '에코붓다 삼별단' 회의에 가서서 아직 돌아오지 않으셨다.

'에코붓다'는 쉽게 말하면 '환경을 생각하는 부처님'이라고 엄마가 설명해 주셨다. 불교에서는 사람만이 아니라, 자연물에 이르기까지 모든 것을 평등하게 생각한다. 사람과 자연은 연결되어 있으며, 사람은 자연의 일부라고 주장한다. 이런 사실을 깨닫고 친환경적으로 사는 것이 불자가 사는 방식이라고 한다. 우리 부모님은 그걸 신앙으로만 가진 것이 아니라 실제 삶에서 실천한다.

이런 우리 부모님과 살면서 내 몸에 밴 '빈 그릇 운동'은 '나는 음식을 남기지 않겠습니다.'라는 실천으로 음식물 쓰레기를 내놓지 않고, 꼭 필요한 만큼만 먹어서 지구 저편의 굶주리는 이웃들을 살리는 '비움과 나눔' 운동이다. 그 덕분에 나는 학교에서도 급식받을 때 꼭 먹을 만큼만 받는다. 잔반을 하나도 남기지 않는다. 이런 내가 소처럼 많이 먹어서 음식도 남기지 않는다고 놀리는 친구들이 있으니 복장이 터질 노릇이다.

솔직히 빈 그릇 운동까지는 그럭저럭 습관이 되어서 동참할 만하다. 그런데 '안 사고 살아 보기'는 정말 심하다.

"물건을 사는 것으로 나의 행복을 채울 수 없습니다. 습관적으로 소비하는 것은 아닌지 돌아봅니다. 이제 잠시 소비를 멈추고 내 욕구를 들여다봅니다. 충분히 갖고 있습니다. 이제 잠시 멈춥니다. 하늘이 파란 가을 한 달 동안은 아무것도 사지 않아 봅니다."

엄마, 아빠는 이 광고에 혹하고 넘어가서 결국 자발적인 환경지킴이 '삼별단'에 가입했다. 온라인과 실생활에서 환경 실

천을 공유하고 독려하고 있다. 기후재난 시대에 이 위기를 해결할 기후정의 의병이라나. 아빠와 엄마는 그 활동을 엄청나게 자랑스러워하신다.

엄마와 아빠가 오늘 늦게 오시는 것에 대해서는 난 별 불만이 없다. 오늘은 늦게 오실수록 좋다. 그리고 되도록 동생을 일찍 재워야 한다. 그러려고 아까부터 일부러 격렬하게 놀아 줬다. 지자비가 가장 좋아하는 장난감 타자버스, 타자포코 굴착기, 타자크리스 레미콘, 타자빌리 불도저, 타자맥스 덤프트럭을 다 꺼내 놓고 악당과 맞서 싸우는 역할극도 하고, 심지어는 말도 안 되게 타자버스가 하늘을 붕붕 날아다닌다며 동생을 타자버스와 함께 번쩍 안아 빙빙 돌리기까지 했다. 나는 체력방전으로 곧 뻗을 것 같은데 동생 눈은 초롱초롱했다. 비장의 카드를 쓰는 수밖에 없었다.

"자비야, 빨리 눈 감아. 누나가 책 읽어 줄게."

어릴 적 엄마와 아빠가 날 재우기 위해 골백번도 더 읽어 준 『용감한 다섯 친구』 책을 오늘은 내가 동생에게 읽어 준다. 너무 많이 들어서 저절로 이야기가 술술 나온다.

"나무 베기에 진 호랑이들은 화가 나서 둑 쌓기를 놓고 내기하자고 했어. 호랑이들은 위쪽에, 다섯 친구는 아래쪽에 둑을 쌓은 다음 호랑이가 둑을 터뜨려 물을 내려보내서 다섯 친구 둑을 무너뜨리면 호랑이가 이기는 내기였지. 호랑이들은 온 힘을 모아 열심히 큰 둑을 쌓았어. 그런데 다섯 친구는 그냥 놀고만 있는 거야. 호랑이들은 자신들 승리를 확신하고 둑을 쌓은 다음 와르르 무너뜨렸지. 엄청난 강물이 거세게 쏟아졌어. 그때 단지손이가 갑자기 집채만 한 바위를 번쩍 들어 강 아래쪽에 휙휙 던지는 거야. 그러자 금세 큰 둑이 생겨서 위에서 쏟아지는 물을 다 막았지 뭐야. 그 바람에 호랑이들은 또 지고 말았어."

세 번째 내기 이야기를 마칠 즈음에야 자비 눈이 스르르 감긴다. 그러고는 잠시 후 쌔근쌔근 고른 숨소리를 내며 깊은 잠에 빠져든다. 난 자비가 깨지 않도록 조심조심 방문을 닫고 거실로 나왔다.

탁자 위에 놓인 VR 헤드셋을 썼다. 요즘 우리 반은 VR 열풍이다. 정말 VR은 신세계다. VR 기기만 있으면 전 세계 어디든 여행을 떠날 수 있다. 스포츠카를 타고 도로를 질주할 수도 있고, 패러글라이더를 타고 하늘을 누빌 수도 있다. 귀신의 집보다 더 무서운 공포를 체험할 수도 있고, 동화 속 주인공이 되어 직접 임무를 수행할 수도 있다.

난 VR 기기를 꼭 사고 싶었지만, 원래도 짠돌이, 짠순이인 아빠 엄마가 최근 '안 사고 살아 보기'까지 하고 있으니 VR 기기를 사 줄 턱이 없다. 혹시 돈이 없어서 어쩌면 '기후정의 의병' 핑계를 대는지도 모른다.

 VR 기기 타령하는 나를 불쌍히 여긴 외삼촌이 출장을 가면서 VR 기기를 빌려주고 가셨다. 내일 외삼촌이 돌아오시니 오늘이 VR 게임 마지막 날이다. 오늘은 또 어떤 모험이 기다리고 있을지 벌써 가슴이 쿵쿵 뛴다.

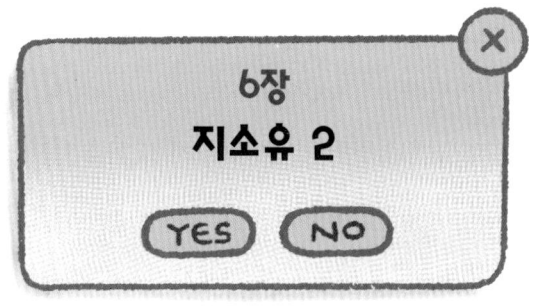

"99%의 사람들을 위해!"

"우리는 99%다!"

왜 이리 시끄럽지? 지소유는 뭔가 이상한 느낌을 받았다. 웅성거리던 소리는 점점 커졌다. 그리고 명확하게 들리기 시작했다.

"99%를 위한 정치 YES, 1%를 위한 정치 NO!"

"우리 돈을 돌려줘라!"

"더 나은 세상을 위해 다 같이 싸우자!"

소리가 나는 쪽으로 가 보니 "부자들에게 세금을 물려라!"라는 팻말 든 사람들이 보였다. 그 뒤로 좀비 복장을 한 시위대 수백 명이 얼굴을 하얀색으로 칠하고, 가짜 돈을 가득 쥐고 흔들며 뉴욕증권거래소 앞을 행진하고 있었다. 나도 그 틈에 끼어서 행진했다. 시위대 앞쪽에 선 오빠가 큰소리로 외쳤다.

"월가를 점거하라!"

그러자 뒤따르던 사람들이 손뼉을 치며 환호했다.

또 다 함께 "마이 체크(My check, 내 월급), 마이 체크!"라고 소리치기도 했다. 텔레비전에서만 보던 시위 한복판에 있으니 두렵기도 하고 흥분되기도 했다. 수천 명이 모여서 주먹을 불끈 쥐고 하늘을 향해 내뻗었다. 그들 입에서는 거친 구호가 쏟아졌다.

"금융은 경제의 기생충!"

"부자는 가난한 사람의 피를 빨아먹고 산다."

"기업은 좀비다."

하나같이 기업과 은행 그리고 부자를 비난하는 내용이다. 주변을 둘러보니 고층 빌딩이 가득했다. 그리고 눈에 들어온 낯익은 동상. 자유의 여신상이 보였다.

시위대가 마침내 도착한 곳은 뉴욕 맨해튼의 주코티 공원. 북소리에 맞춰 춤을 추는 언니, 오빠들도 있었다. 열띤 토론을 벌이는 사람들도 있었다. 공원 한가운데에는 피자, 과자, 음료, 팝콘 등 먹을거리가 가득 쌓인 탁자가 있어서 누구나 자유롭게 가져갈 수 있었다. 모두 다 이 시위를 지지하는 사람들이 기부한 것이라고 했다. 나도 피자 한 조각과 팝콘 통을 들고 공원 이곳저곳을 둘러봤다. 슬리핑백 속에서 잠을 자는 사람들도 보였다. 이들은 여러 날째 이곳을 점거해 노숙하며 투쟁하고 있었다.

이곳이 미국뿐만 아니라 전 세계를 휩쓰는 '월가를 점거하라'[20] 시위의 진원지인 주코티 공원이라는 것을 알 수 있었다. 이곳 사람들은 여기를 옛 이름대로 '리버티 플라자(자유 광장)'라고 부른다. 이름대로 이곳은 부자도 가난한 사람도 없는 모두가 평등한 해방 공간으로 느껴졌다. 법정 스님이 말씀하신 무소유가 바로 이런 모습이 아닐까 생각했다. 내 것, 네 것 따지지 않고 서로 나누는 모습이 참 보기 좋았다.

'리버티 플라자'만이 아니라, 온 세상이 이렇게 살면 안 될까? 이들 구호처럼 1%가 가진 것을 99% 모두에게 평등하게 나눠 준다면 자산 불평등이나 소득 불평등 문제가 해결되는 진짜 좋은 세상이 만들어지지 않을까? 왜 인류는 이런 좋은 방법이 있는데 그런 사회를 만들지 못하는지 너무 궁금했다.

어디선가 앳된 아이들 목소리가 들렸다. 반가워서 달려가 보니 동생 지자비 또래 어린이 일고여덟 명이 부모들과 공원 계단에 앉아 노래를 부르며 시위하고 있었다.

'우리는 사랑을 믿어요'
'우리는 공정함을 믿어요'
'우리의 밝은 미래를 믿어요'

노란색 작은 손팻말을 아이들은 열심히 흔들고 있었다. 맞다. 아이들이 손에 든 손팻말처럼 사랑과 자비로, 세상의 부를 모두 똑같이 나눈다면 공정하고 밝은 미래가 올 것만 같았다.

이 '월가를 점거하라' 시위가 끝나면 어떤 세상이 올지 궁금했다. 정말 부자도 가난한 자도 없는 평등 세상이 가능할까? 그런 세상에서 사람들은 어떻게 살아갈까? 그때 새로운 알림이 도착했다는 소리와 함께 초대장이 보였다.

[평등 세상을 꿈꾸는 당신을 '기억 전달자'가 초대합니다.]

『기억 전달자(The Giver)』는 1993년 출판, 이듬해 뉴베리상을 받은 로이스 로리(Lois Lowry)의 디스토피아 소설로 작가의 SF 4부작 가운데 첫 번째 작품입니다.

과거 역사에서 불평등 때문에 벌어졌던 전쟁, 기아 등 모든 재앙을 막고, 완벽한 사회를 위해 커뮤니티는 늘 '같음 상태'(Sameness)를 유지합니다.

모든 것이 통제된 제한 사회는 사랑도 색깔도 모든 감정도 허용되지 않습니다.

퀘스트 : 주민들에게 감정과 사랑, 자유를 되찾아 주기 위해 탈출하는 조너스를 구출하라!

보상 : 원하는 아이템을 영원히 획득

아이템 : 슬라임, 상어 전동물총, 트램펄린, 타자버스와 중장비 모두

내게 익숙한 '타자버스와 중장비 모두' 아이템을 선택했다. 지자비와 놀아 준 게 이렇게 도움이 될 때가 있다니. 잠시 자비 얼굴이 떠올랐지만 머뭇거릴 시간이 없어 보였다.

우선 타자버스를 타고 출발했다. 평탄한 길이 곧 끝나고 가파른 언덕이 나왔다. 타자버스로는 도저히 오를 수 없었다. 얼

른 타자맥스 덤프트럭으로 갈아탔다. 타자맥스는 힘차게 언덕 길을 올랐다. 그런데 두 번째 언덕을 지나자 도로가 끊어져 있었다. 타자포코, 타자빌리, 타자크리스를 번갈아 타며 끊긴 도로를 겨우 이었다.

그렇게 도착한 산 위에서 내려다보이는 저 아래 마을은 무척 평화로워 보였다. 똑같이 생긴 집들이 열과 행을 맞춰 질서정연하게 자리 잡고 있었다.

그때 한 남자아이가 전동스쿠터를 타고 달리는 모습이 눈에 들어왔다. 무척 다급해 보였다. 자세히 보니 아기 띠에 사내아이를 안고 있었다. 마을에서는 요란한 사이렌이 울려 퍼졌다. 그러고는 경찰 오토바이 여러 대가 분주히 움직였다. 스쿠터를 탄 저 아이를 뒤쫓는 듯했다. 하늘에는 정찰 드론도 여러 대가 떠다녔다. 스쿠터가 심하게 흔들려서인지 아기는 울음을 그치지 않았다. 남자아이는 당황한 모습이 역력했다.

나는 직감적으로 저 남자아이가 자신이 도와야 할 조너스라는 생각이 들었다. 급하게 그 아이에게 내 쪽으로 오라고 손짓했다. 아이는 낯선 이가 나타나 흠칫 놀라는 표정이었다. 설상가상으로 전동스쿠터가 방전되었는지 요란한 소리를 내며 멈춰 버렸다. 아이는 할 수 없다는 듯 내 쪽으로 거친 숨을 몰아쉬며 달려왔다.

"얼른 저 수풀 뒤로 숨어! 여기는 내가 맡을게."

서로 소개도 인사도 할 틈이 없었다. 우선 저 하늘에 떠 있는 정찰 드론과 멀리서 뒤쫓아 오는 경찰 오토바이를 따돌려야 했다. 타자포코로 전동스쿠터를 퍼 올려 계곡으로 집어 던졌다. 타자빌리로 산을 밀어서 지나온 흔적을 지우고, 다른 곳으로 길을 내서 엉뚱한 길로 경찰 오토바이가 갈 수 있도록 유인했다. 힘 좋은 타자맥스 트럭을 타고 신속히 이동했다. 그리고 타자크리스를 원격 조정해 콘크리트 구조물을 만들었다. 경찰 오토바이가 쫓아오지 못하도록 길을 막을 수 있었다. 순식간에 길을 바꾸고 구조물을 만드느라 정신이 하나도 없었다. 조너스가 있는 곳을 돌아보니 조너스는 아기를 품에 안아 재우고 있었다. 아기가 울지 않아 다행이었다.

정찰 드론은 집요했다. 하지만 땅에서 경찰 오토바이가 엉뚱한 길로 가는 바람에 시간을 벌 수 있었다. 정찰 드론도 얼마 지나지 않아 배터리가 다 되었는지 마을로 되돌아갔다. 곧 다시 추적이 시작될 것이 분명했기에 긴장을 늦출 수 없었다. 하지만 타자 중장비가 거의 방전되어 이대로 도망칠 수 없었다.

얼른 수풀 더미를 모아서 타자 중장비를 숨기고는 조너스에게 말했다.

"이제 조용히 이동해야 해. 내가 아기를 안고 갈게."

아기가 깰까 봐 걱정하던 조너스는 내게 조심스럽게 아기를 넘겨줬다. 늦둥이 동생 지자비를 업어 키운 경험이 많아서 아기를 어르고 달래는 일은 자신이 있었다.

우리는 최대한 몸을 낮춘 채 발자국을 남기지 않게 살금살금 움직이기 시작했다. 다행히 아기는 내 품에서 깨지도 않고 새근새근 잘 잤다. 이곳 지리에 익숙한 조너스가 나와 아기를 수풀 더미로 이끌었다. 수풀 더미를 헤치자 제법 널찍한 공터가 나왔다. 바깥에서는 들여다보이지 않아 숨기 딱 좋은 곳이었다. 나는 아기를 내려놓고 그제야 거친 숨을 고를 수 있었다. 조너스도 긴장이 풀렸는지 대자로 뻗어 한참을 누워 있었다. 숨을 돌린 나는 수풀 너머로 조심스레 밖을 살폈다. 다시 출격한 정찰 드론이 우리를 찾지 못하고 곧 다른 방향으로 날아갔다. 바깥은 다시 정적이 감돌았다.

"고마워. 난 조너스야. 넌 우리 커뮤니티 아이가 아닌 것 같은데 어디서 왔니?"

"응. 난 너를 이미 알아. 난 지소유야. 대한민국에서 왔어."

"대한민국, 그래 기억 전달자님으로부터 배웠어. 긴 역사를 가진 나라, 6.25 전쟁으로 남과 북이 분단되어 북쪽은 공산주의 독재정권이 지배해서 생산수단을 사적으로 소유할 수 없는 평등하지만 가난한 사회, 남쪽은 자본주의 시장경제를 받아들인 뒤 놀라운 경제성장으로 풍요로운 국가가 되었지만 빈부격차가 심하고 극심한 경쟁으로 자살률이 높은 나라라고 들었어."

"음… 네가 배운 것이 다 맞는 것은 아니지만, 지금 그게 중요한 건 아니니까. 조너스 네가 사는 이곳은 어떤 곳이야? 그리고 이 아기는 누구고? 넌 쫓기는 것처럼 보이는데 대체 무슨 일이야?"

폭포처럼 쏟아지는 질문에 조너스는 잠시 당황한 눈빛이었다. 혹시 추격자가 있을까 봐 불안했는지 여러 번이나 수풀 너머를 다시 조심스레 살폈다. 다행히 산들바람만 불 뿐 밖은 조용했다.

"우리가 사는 커뮤니티는 따로 이름이 없어. 우리는 모든 차별과 차이를 거부해. '늘 같음' 상태를 유지하려고 하지."

"아, 그래서 집들이 다 똑같았구나. 그게 참 신기했는데."

"맞아. 네가 본 그대로야. 외관만 똑같은 것이 아니고 내부 구조도 다 똑같아. 가난한 사람도 부자도 우리 사회엔 없어. 가족 수도 모두 다 같고. 옷도 같은 옷을 입어."

"정말, 그게 가능해? 부자도 가난한 사람도 없다니 아주 흥미로운걸. 그러면 가난 때문에 차별받거나 상처받는 일도 없겠네. 내가 꿈꾸던 아주 멋진 세상인걸."

"그래, 가난하다고 놀림당하거나 상처받는 일 없어. 우리는 모두 평등해."

"그런데 너는 무슨 잘못을 저지른 거야? 왜 경찰들에게 이렇게 쫓겨 다니는 거야? 이 아기는 또 누구고?"

이번에도 궁금증을 참지 못하고 질문을 쏟아 냈다. 조너스는 또 수풀 밖을 살피면서 내 물음에 답했다.

"우리는 '똑같음'을 유지하기 위해 어떤 감정을 가져서도 안 돼. 슬픔, 고통, 미움을 느끼지 않기 위해서는 기쁨, 행복, 사랑도 몰라야 하거든. 그래서 우리는 늘 감정억제제라는 약을 먹지. 날씨도 완벽하게 통제해서 늘 같은 날씨를 유지해. 그래서 추위도 더위도 없어. 욕망을 유발할 수 있는 것들은 다 없애 버렸어. 심지어 색깔도 다 없애서 무채색 도시이지."

"색깔도 느끼지 못한다고? 그건 너무 심한 것 아니야? 슬픔, 고통, 미움이 없는 것은 좋지만 그렇다고 기쁨, 행복, 사랑도 없다니 그게 말이 돼?"

"우리 커뮤니티는 그걸 선택한 거야. 네가 사는 대한민국이나 미국 같은 나라는 극심한 가난으로 고통을 겪는 사람들도 우울한 사람들도 넘쳐나지. 그 반대편에는 어마어마한 재산을 주체하지 못하고 흥청망청하는 사람들, 끝없는 욕망에 사로잡혀 온갖 환락을 추구하는 사람들이 공존하지. 그런 불평등한

세상이 우리는 잘못되었다고 생각해. 다름을 모조리 없애고 모두가 같음을 선택한 까닭이야. 그 덕분에 평등과 고요를 얻었지. 다만 그 대가로 활력과 열정 등을 내놓아야 했어."

"아, 난 그냥 1%가 거의 모든 것을 갖는 세상이 불의하다고 생각해서 모두가 똑같이 평등하기를 바랐던 건데. 네 말을 듣고 보니 머리가 복잡해지네. 경제적인 평등만 이뤄지면 될 줄 알았는데, 모든 것이 똑같아지지 않으면 '불평등'하다고 말하는 사람들도 있겠구나. 어디까지 평등해야 '평등'을 실현했다고 할 수 있을까? 아참, 그건 그렇고 넌 왜 쫓기고 있었어? 그게 제일 궁금해."

"우리 커뮤니티는 사회를 유지하기 위한 일들을 배분해서 역할마다 각자 담당자를 두는데, 출산 역시 담당자가 정해져 있어. 너희처럼 자유롭게 사랑하는 사람과 결혼해서 아기를 낳지 않고 커뮤니티가 정한 정책에 따라 출산을 엄격하게 통제해. 그런 통제 밑에서 태어난 이 아기는 가브리엘이야. 약하게 태어났지. 원로회의에서는 가브리엘이 너무 약해 울기만 한다고 이 아이를 없애기로 했어. 난 절대 그럴 수 없다고 생각했어. 뭔가 잘못되었다고 느꼈지."

조너스 말을 듣고 나는 깜짝 놀랐다. 저 새근새근 잠든 귀여운 가브리엘이 어린 나이에 강제로 죽게 된다니, 전체를 위해 개인을 희생한다는 논리를 이해할 수 없었다. 조너스는 이야기를 이어 갔다.

"우리 커뮤니티에서는 직업 역시 너희들처럼 경쟁을 통해 선택하는 것이 아니라 원로회의에서 아이들 성장 과정을 관찰해서 가장 알맞은 직업을 정해 주지. 내게 정해 준 직업은 기억 보유자야. 내가 현재 기억 전달자님의 후임으로 결정되었어. 기억 전달자는 우리 커뮤니티에서 과거의 기억을 유일하게 가지고 있는 사람이야. 기억 전달자를 제외한 나머지 사람들은 감정이 풍부하면서 불화가 끊이지 않던 과거를 기억할 수 없어. 효율적이고 평화로운 사회를 만들기 위해서래. 기억 보유자가 된 나는 기억 전달자님으로부터 다른 아이들이 알지 못하는 세상의 기억을 전달받았지."

나는 조용히 조너스 이야기를 경청했다.

"그러면서 난 같음이 아니라 다른 세상을 꿈꾸게 되었어. 난 무채색이 아니라 화려한 색을 동경하게 되었어. 난 사람들이 열정과 자유를 갖기를 바라. 내가 우리 커뮤니티의 경계를 넘어서면 그게 가능해져. 그래서 가브리엘을 데리고 도망쳤고, 원로회의에서는 같음을 유지하기 위해 나를 추격 중이지."

그제야 상황이 어떻게 돌아가는 줄 알 수 있었다. 참 묘했다. 나는 평등한 세상을 찾고 싶었는데, 조너스는 오히려 평등한 세상에서 벗어나고 싶어 한다니 그걸 어떻게 이해해야 할지 몰랐다.

머릿속이 너무 복잡했다. 이 문제에서 벗어나고 싶어서 머리를 세차게 흔들며 외쳤다.

"그럼 어떡해?"

[조너스 구출 퀘스트 완료! 타자버스 중장비 모두 아이템 획득 - 영원히 자유롭게 사용 가능]

그러고는 조너스와 가브리엘과 작별 인사도 못 한 채 초기 화면으로 돌아왔다. 갑자기 추천 메뉴가 펼쳐졌다.

[용감한 다섯 친구를 찾습니다. '게임 체인저 : 기본소득'으로 당신을 초대합니다.]

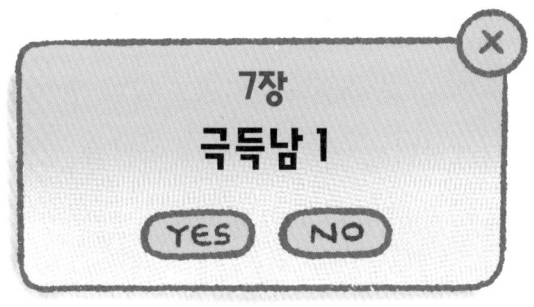

"내 이름 좀 바꿔 주면 안 돼? 난 내 이름이 정말 싫어! 요즘 개명하는 사람들도 많다는데 제발 바꿔 주세요!"

난 엄마와 아빠에게 하소연했다. 어제오늘 일이 아니어서인지 두 분 모두 별 반응이 없다. 그런 부모님 때문에 더 속상하다.

"몇 번을 말해? 너 속상한 것 알지. 그래도 어떡해. 증조할아버지, 할머니 뜻인 것을. 조금만 더 참자. 너 성인 되면 그때는 마음대로 바꿀 수 있을 거야."

"내 이름이 이렇다고 엄마가 아들 낳을 것도 아니잖아. 엄마 또 동생 낳을 생각은 아니지?"

내게는 네 살 터울 여동생이 둘 있다. 우리 집을 남들은 애국자 집안이라고 한다. 요즘 아이를 안 낳는 집도 많은데, 하나도 아니고 셋이나 되니 애국자 집안 소리를 듣는다. 또 딸 부자라서 좋겠다고 부러워하는 사람도 많다. 딱 네 분만 빼고 말이다. 증조할아버지, 증조할머니, 할아버지, 할머니! 이 네 사람은 우리 집이 딸 셋인 것이 아쉽단다. 우리 아빠는 5대 독자다. 할아버지는 4대 독자, 증조할아버지는 3대 독자. 우리 아빠가 장손인데 대가 끊기게 되었다며 속상해하신다.

조선 시대도 아니고 21세기 대한민국에서 아직도 아들 타령이라니, 난 정말 이해가 안 된다. 막냇동생에게는 미안한 말이지만 원래 부모님이 자녀를 셋이나 낳을 생각은 아니었다. 어쩌면 내가 딸이 아니라 아들이었다면 둘째, 셋째를 낳지 않았을지 모른다.

그런데 내가 딸로 태어나서 하나 더, 둘째도 딸이라서 하나 더, 그렇게 셋째 동생까지 태어났다. 엄마는 어른들께는 차마 말씀은 못 드렸지만, 동생을 더 낳을 생각은 없는 것 같았다.

증조할아버지, 증조할머니는 늘 우리 가족을 보면 한 말씀 하신다.

"세상이 아무리 바뀌었어도 그래도 아들 하나는 있어야지. 대는 이어야 할 것 아니냐? 고생스럽겠지만 우리 살아있을 때 증손자 한번 안아 보자꾸나. 내가 조상님들 뵐 면목이 없어서 눈을 감을 수나 있겠냐?"

"증조할아버지, 할머니 걱정하지 마세요. 제가 대를 튼튼하게 이을게요. 요새는 엄마 성을 따를 수도 있다고요!"

난 씩씩하게 말하지만, 두 분은 들은 체도 하지 않으신다.

"득남이 너는 여자답게 좀 조신하게 행동해야지. 언제까지 선머슴처럼 다닐 거야? 늘 바지만 입지 말고, 치마도 입고, 머리도 사내처럼 짧게 깎지 말고 좀 기르고 그럴 수는 없냐? 우리 득남이가 떡하니 고추를 달고 태어났으면 얼마나 좋았을까? 똑똑하고, 다부지고."

그렇다. 내 이름은 득남이다. 내가 너무도 바꾸고 싶은 이름, 득남이. 내 친구 이름들은 하윤, 지아, 이서, 유나, 아린 등 다 예쁘다. 요즘은 성별에 상관없이 쓸 수 있는 중성 이름을 쓰는 친구들도 많다. 연우, 시현, 서우, 희수, 지율이 같은 이름도 얼마나 멋진가? 그런데 득남이라니. 심지어 내 이름은 국어사전에도 떡하니 실려 있다.

득남[得男] : 아들을 낳음

엄마와 아빠한테 조른다고 해결될 것도 아니고, 어서 빨리 어른이 되는 수밖에 없다. 할아버지와 할머니는 내 이름 고치는 것은 허락하지 않으면서 나보고 코 수술은 크면 꼭 하란다.

난 유독 코가 크다. 특히 콧구멍이 엄청나게 크다. 부모님, 조부모님 사이에 그런 분이 안 계시는데 도대체 누굴 닮아서 그런지 모르겠다. 유튜브를 보니까 콧구멍에 500원짜리 동전을 넣는 개인기를 하는 연예인도 있던데, 솔직히 나도 좀 크면 충분히 가능하지 않을까 싶다.

그런데 할아버지는 사내아이 코가 크면 복이 저절로 굴러들어오는 '복코'라서 좋았을 텐데, 계집아이 코가 벌름벌름한다고 흉하단다. 코 때문에 얼굴 망친다고 고등학교 졸업하면 콧방울 축소 수술을 꼭 하란다. 아니 똑같은 코인데 남자한테 가면 복코이고, 여자한테 있으면 흉하다니 이게 도대체 말이 되는 소리인가? 옛날 분들 생각을 난 도저히 이해할 수 없다. 사실 우리 할머니, 할아버지뿐만이 아니다.

지난해 학예회 시간은 생각하기도 싫다. 평소 자신이 있는 '트램펄린' 일명 '방방이' 묘기를 선보였다. 트램펄린 위에 올라 하늘로 솟구쳤다. 교실 천장이 낮아서 묘기를 맘껏 보여 줄 수 없는 것이 아쉬웠다. 솟구치면서 가위처럼 발을 쫙 펴는 가위차기, 폴더폰처럼 공중에서 발을 뻗고 등을 구부려 손끝으로 발을 잡는 폴더 자세, 하늘을 유유히 나는 독수리 자세, 새우처럼 등을 꺾어 팔을 뒤로해서 발을 잡는 새우 꺾기 등 갖가지 동작에 친구들은 모두 환호했다. 트램펄린이 좁아서 쉽지 않았지만, 결코 초보자들이 따라 할 수 없는 360도 공중 앞구르기 플립과 뒤구르기 백플립을 자유자재로 선보였다. 큰 박수가 쏟아졌다. 거기까지는 참 좋았다. 그런데 수군대는 소리가 신경 쓰였다.

"그런데 쟤 남자야, 여자야?"

아니, 트램펄린 묘기 선보이는데 남자인지 여자인지 따지는 이야기가 대체 왜 나오는지 난 이해할 수 없었다. 그래도 거기까지는 참을 만했다. 유튜브에서 본 콧바람으로 촛불 끄기를 나도 할 수 있을 것 같아서 두 번째 장기자랑으로 준비했다. 먼저 초를 한 줄로 서른 개를 세웠다. 콧바람으로 한 번에 촛불 서른 개를 모두 꺼트려야 하는, 보기에는 쉬워 보여도 결코 성공확률이 높지 않은 고난도 장기자랑이었다.

"자 여러분은 여기 촛불 몇 개나 꺼트릴 수 있나요?"

우리 반에서 덩치가 제일 큰 민준이는 호기롭게 도전하더니 열두 개를 꺼트리고 부끄러워했다. 평소 허세가 넘치는 상민이는 민준이가 가소롭다는 듯 비웃더니 정작 자신은 열 개를 겨우 꺼트리고는 반 친구들로부터 야유를 받았다. 마침내 내 순서가 되었다. 모두 설마 하는 의심의 눈초리로 집중했다. 난 숨을 크게 들이마시고, 오른손 검지손가락으로 한쪽 콧구멍을 지그시 누른 뒤 온몸에 힘을 모아 왼쪽 콧구멍으로 힘차게 바

람을 내뿜었다. 순식간에 촛불 서른 개가 사라졌다.

"와~ 대박!"

"레알?"

"콧김손이가 나타났다. 아니 콧김득남 킹짱이다."

박수와 함께 온갖 감탄사가 쏟아졌다. 난 어깨가 으쓱했다. 하지만 기쁨도 잠시 어디선가 들려오는 소리는 내 가슴을 후벼팠다.

"어휴, 여자애가 저게 뭐야? 얼굴은 예쁘게 생겨서 하는 짓은 선머슴 같으니, 창피한 줄 모르고."

학예회 구경 오신 할아버지 한 분이 탄식하듯 내뱉은 말씀은 비수가 되어 내 마음에 큰 상처를 냈다. 순간 엄마가 원망스러웠다. 장기자랑을 고민하는 내게 엄마는 『용감한 다섯 친구』 옛날이야기를 들려주며 우리 딸은 콧김손이처럼 콧바람이 세니 촛불 끄기를 해 보라고 부추기셨다. 딸이 이렇게 망신당할 줄 엄마는 몰랐을까? 내가 하겠다고 해도 말려야 할 엄마가 말리기는커녕 부추기는 바람에 이 사달[21]이 난 것 아닌가? 사실 이건 나의 순 억지다.

할아버지와 할머니가 내 코 가지고 흉을 볼 때도 엄마는 내 코가 복을 갖다줄 거라면서 내 모습 그대로 예쁘다고 하셨다. 고슴도치도 제 새끼가 함함하다[22]며 좋아한다고 누군가는 비아냥거릴지 모르지만 그래도 엄마 말이 내게는 큰 힘이 된다. 엄마는 내게 얼굴 가지고 이러쿵저러쿵하는 사람들의 잘못된 생각을 고쳐야지, 죄 없는 내 얼굴을 고칠 까닭이 하나도 없다고 말씀해 주셨다.

물론 증조부모님과 조부모님 앞에서는 그런 말씀 절대 못 하시는 겁쟁이지만, 그래도 나 역시 엄마의 말이 구구절절 옳다고 생각한다. 엄마는 딸, 아들 상관없다고 했다. 성별이 중요한 것이 아니라 자기 자신으로 사는 것이 진짜라고 했다.

증조할아버지, 할머니 소원이라서 아들을 낳으면 좋겠지만 일부러 꼭 낳지는 않을 거라 했다. 엄마, 아빠가 어렸을 적에는 불법으로 성감별을 해서 딸이면 낙태하는 끔찍한 일을 공공연히 저지르기도 했다고 하니 소름이 끼쳤다. 엄마와 아빠는 가톨릭 신자여서 신이 주신 귀한 생명은 온전히 낳아 잘 키우는 게 도리라고 여긴다. 만약 옛날이었다면, 우리 부모님과 같은 가톨릭 신앙이 없었다면, 어쩌면 나도 내 동생들도 고추가 달리지 않았다는 이유로 세상 구경을 못 할 뻔했다.

그나마 요즘은 성차별이 많이 개선되었다고 한다. 할머니가 어렸을 때는 정말 남성 중심 가부장제 사회로 숨이 막혔다고 했다. 증조할머니는 여자로 태어났다는 까닭만으로 학교에도 못 가고, 글자도 못 배우고, 늘 아버지 술심부름을 해야 했다. 할머니는 허구한 날 돌아오는 제사며 시댁 집안 행사에 부엌데기 노릇만 하고 정작 집안 대소사는 남자들끼리만 결정했다는 둥 극씨 집안 남자들은 손 하나 까딱 안 하고 옆에 있는 물컵도 갖다 달라고 하는 인간들이라는 둥 차별받던 시절을 래퍼처럼 풀어놓으며 신세 한탄을 늘어놓곤 했다. 그러면 옆에서 할아버지는 뭐라 말씀은 못 하고 헛기침만 "음, 음." 해 대면서 얼굴이 붉으락푸르락 달아올랐다.

그런데 난 정말 이해할 수 없는 대목이, 그런 시대를 살았던 증조할머니와 할머니는 왜 잘못된 성차별을 고치려 하지 않고 여전히 아들 타령을 하시냐는 거다. 정말 이해가 안 된다. 도대체 왜 여성 스스로도 성차별에서 벗어나지 못하는 것일까?

답답해 한숨을 푹푹 내쉬는데 VR 기기가 떠올랐다.

'VR이 내 궁금증을 풀어 줄까?'

예전 할아버지 세대는 궁금한 것이 있으면 백과사전을 찾아봤다고 했다. 아빠 세대는 스마트폰으로 포털사이트에서 검색하거나 동영상 플랫폼 유튜브 등을 찾아봤다고 한다. 그런데 요즘 우리는 VR 기기로 궁금증을 해결한다.

할아버지와 할머니가 내가 VR 고글을 쓰고 있는 것을 보면 또 계집애가 얌전하게 앉아서 공부나 하지 사내처럼 오두방정을 떤다고 지청구[23]를 늘어놓으실 것이 뻔하니 난 얼른 내 방으로 피했다.

　VR 고글을 쓰고 '성평등'을 검색하자 새로운 알림이 도착했다는 소리와 함께 초대장이 보였다.
　[성평등을 꿈꾸는 당신을 '해바라기센터'가 초대합니다.]
　해바라기센터는 성폭력, 가정 폭력, 성매매 피해자에게 365일 24시간 상담 지원, 의료 지원, 법률 및 수사 지원, 심리치료 지원 등의 서비스를 통합적으로 제공합니다. 피해자가 폭력피해로 인한 위기 상황에 대처하고 2차 피해를 겪지 않도록 지원하는 기관입니다.

　퀘스트: 폭행 피해자를 도와 해바라기센터로 무사히 대피시키고, 해바라기센터 입소자를 도와주세요.
　보상: 원하는 아이템을 영원히 획득
　아이템: 슬라임, 상어 전동물총, 트램펄린, 타자버스와 중장비 모두

　나는 평소 자신 있는 트램펄린을 선택했다. 그러자 곧바로 낯선 세상이 펼쳐졌다.

　"치킨 배달 온다고. 치킨 먹으라고 했지. 음식 만들지 말라고 했지. 여긴 베트남이 아니라고!"

술 취한 아저씨는 고래고래 소리를 지르며, 큰 주먹으로 겁에 질린 아줌마 얼굴을 쳤다. 아줌마는 힘없이 벽 쪽으로 나동그라졌다. 아줌마는 울면서 절규했다.

"또이 헝 비에. 람 언 둥 단 또이.(몰랐어요. 제발 때리지 말아요.)"

"내가 못 알아듣는 베트남말 쓰지 말라고. 한국말로 하라고, 한국말!"

그러면서 아저씨는 쓰러진 아줌마를 발로 막 짓밟았다. 옆에서는 두 살쯤 되어 보이는 아이가 놀라서 막 울고 있었다. 아줌마는 맞으면서도 아이를 보호하려고 꼭 끌어안고 있었다.

"어디 여자가 재수가 없게 울고 난리야. 안 그쳐!"

그러면서 아저씨는 제발 때리지 말라고 사정하는 아줌마를 마구 때렸다. 아줌

마 얼굴은 곧 피투성이가 되었다. 나는 처음 보는 광경에 어찌해야 할지 몰랐다. 그러다가 정신이 퍼뜩 들어서 아줌마가 있는 방으로 뛰어 들어가며 외쳤다.

"아저씨, 때리지 마세요. 사람을 왜 때려요?"

아저씨는 흠칫 놀라는 표정이었다. 그러더니 금세 성난 표정으로 외쳤다.

"넌 또 누구야? 우리 부부 일에 상관 말고 썩 꺼져."

나는 어디서 그런 용기가 솟아났는지 아줌마를 등 뒤에 숨기고 팔을 벌려 아저씨를 막았다. 스마트폰을 꺼내 아저씨 앞에 들이밀며 말했다.

"경찰에 신고했어요. 그리고 지금 아저씨 하는 행동 다 스마트폰으로 촬영하고 있어요."

아저씨는 멈칫했다. 그 틈을 타 아줌마에게 외쳤다.

"아줌마, 빨리 밖으로 나가요."

아줌마는 아이를 끌어안고 황급히 밖으로 내달렸다.

"야! 너, 어디 가? 거기 안 서? 너 지금 나가면 끝장인 줄 알아. 너 한국에서 추방이야. 추방. 너 내 허락 없이 어디 살 수 있을 것 같아? 빨리 안 돌아와!"

아저씨는 또 고래고래 소리를 질렀다. 그러고는 소주병을 들어 병나발 불더니 나에게 다가왔다. 등골이 오싹했다. 손에

땀이 흥건했다. 공포가 몰려왔다. 점점 다가오는 아저씨를 힘껏 밀쳤다. 술에 취해서인지 중심을 제대로 잡지 못하고 비틀거리던 아저씨는 그대로 방바닥에 나동그라졌다.

 그 틈을 타 나는 트램펄린을 펼쳐 힘차게 솟구쳐 올라 저 멀리 점프했다. 어느새 일어선 아저씨가 흉기를 들고 쫓아오기 시작했다. 이대로 잡히는 날에는 줄초상이 날 것이 뻔했다. 아줌마는 아기를 안고 있어서 잘 뛰지 못했다. 아저씨와 거리가 점점 좁혀졌다.

 '안 돼, 이러다 큰일 나겠어!'

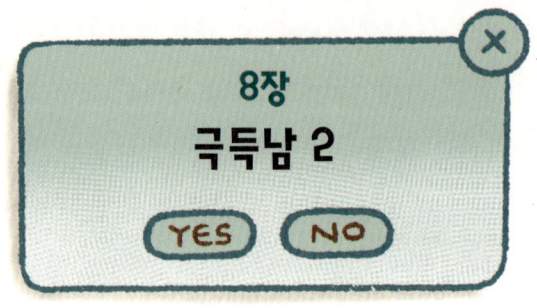

8장
극득남 2

   미친 듯이 뛰어온 아저씨는 아줌마를 거의 따라잡았다. 잡힐 것만 같아 초조했다. 나는 다시 트램펄린을 펼치며 아줌마에게 외쳤다.
   "아기를 저에게 주세요! 그리고 제가 하는 걸 잘 보시고 저처럼 뛰어오르세요!"
   아줌마에게서 아기를 받아안고는 먼저 트램펄린에서 뛰어올라 하늘로 솟구쳐 멀리 날아올랐다. 그리고 착지 지점에 또 다른 트램펄린 하나를 펼쳐 징검다리 건너듯 껑충껑충 뛰어 멀리 달아났다.
   "아줌마, 빨리요! 빨리 트램펄린 위로 올라가 점프하세요. 저만 믿으세요."
   그대로 있다가는 아저씨에게 잡혀서 또 두들겨 맞을 것이 뻔했기에 이판사판으로 아줌마는 트램펄린 위에서 힘껏 점프해서 앞으로 솟구쳤다. 나는 얼른 아줌마 착지 지점에 트램펄린을 펼쳤다. 아줌마는 다시 발을 굴러 또 솟구치고 내가 새로 준비한 트램펄린 위를 도약해서 아기와 내가 있는 곳까지 무사히 왔다.

그 모습을 본 아저씨도 아줌마를 따라 트램펄린 위로 뛰어들어 힘껏 솟구쳤다. 나는 얼른 앞에 있던 트램펄린을 거둬들였다. 아저씨는 그 바람에 그대로 땅바닥에 내동댕이쳐졌다.

"앗싸!"

너무 통쾌해서 나도 모르게 소리를 질렀다. 개구리가 내팽개쳐지듯 아저씨는 그 자리에 대자로 뻗어 버렸다.

아줌마는 그 와중에도 아저씨가 걱정되었는지 되돌아 가려 했다. 아저씨가 일어나 아줌마를 또 때릴지도 모른다는 생각에 아줌마 손을 휙 낚아채서 걸음아 날 살려라 냅다 뛰기 시작했다. 온몸에 식은땀이 쫙 흘렀다. 도대체 정신이 하나도 없었다. 어디서 그런 용기가 생겼는지 모른다. 그냥 아줌마가 너무 불쌍했다. 얼른 구해야겠다는 생각밖에 없었다.

신발도 제대로 못 챙겨서 맨발인 아주머니가 우는 아기를 달래었다. 아기는 좀처럼 울음을 그치지 않았다. 아줌마도 참았던 울음을 터뜨렸다. 나도 그런 아줌마를 껴안고 실컷 울었다. 그래도 이 자리에서 울고만 있을 수는 없었다. 곧바로 112와 119에 신고했다. 곧 경찰이 와서 아저씨를 체포했다. 나는 상처투성이인 아줌마와 119를 타고 응급실로 향했다.

내 설명을 들은 경찰은 가정 폭력 피해 여성과 아동을 위해 365일 24시간 운영하는 해바라기센터로 아줌마와 아기, 그리고 나를 함께 데려다주었다. 이동하는 차에서 경찰은 나를 용감한 어린이라고 크게 칭찬했다. 하지만 하나도 기쁘지 않았다.

남자니 여자니 그딴 게 뭐길래 이렇게 많은 여성이 차별받고, 폭력까지 당해야 하는지 너무 화가 났다. 사실 아줌마에게도 화가 났다. 그렇게 맞으면서까지 왜 참고 사는지 도무지 이해할 수 없었다. 나라면 맞서 싸우든가 적어도 도망쳤을 텐데 왜 그러고 사는지 답답해서 화가 나기도 하고, 그런 아줌마와 아기가 너무 불쌍해서 눈물이 나는 것을 참을 수 없었다. 먼 타국까지 와서 맞고 사는 저 마음이 어떨까 싶어서 도저히 눈물을 멈출 수 없었다. 그렇게 한참을 함께 울었다. 어떻게든 이 아줌마 곁을 지켜 주고 싶었다.

아줌마 이름은 '응우옌 티 쩌우'라고 했다. 응우옌은 성, 티는 중간 이름, 쩌우가 흔히 친한 사람들 사이에 부르는 이름이

다. 쩌우 아줌마는 베트남 최대 도시 호찌민에서 두 시간쯤 떨어진 시골 마을 출신이다. 한국에 일하러 왔다가 지금 남편을 만나 결혼했다. 연애 때는 다정했던 남편이 결혼한 뒤로는 술만 먹으면 손찌검과 폭언을 해 왔다고 했다.

쩌우 아줌마가 힘들게 일해서 번 돈 가운데 조금을 베트남에 계신 부모님 용돈으로 보냈더니 남편은 그 일을 못마땅해했다. 또 쩌우 아줌마가 아직 한국말도 서툴고 한국 문화도 익숙하지 않아서 한국에 와 있는 베트남 사람들과 어울려 지냈는데, 남편은 그것도 싫어했다. 특히 자신 앞에서 자기가 못 알아듣는 베트남 말을 하는 것을 질색했고 그것을 빌미[24]로 폭행을 일삼곤 했다. 쩌우 아줌마의 안타까운 인생사를 듣고 너무 속상했다. 하지만 여전히 궁금증은 풀리지 않았다. 나는 조심스럽게 아줌마에게 물었다.

"그런데 왜 이혼하지 않아요? 왜 맞서 싸우지 않아요?"

"난 아직 한국 국적이 없어. 그래서 한국에서 마음 놓고 일할 수 없어. 만약 이혼하면 난 아이를 두고 베트남으로 돌아가야 해. 우리 아이를 남편에게 맡길 수 없어. 내가 키워야 해. 그러려면 난 일해야 하고, 일하려면 결혼 생활을 유지해야 해."

그 말을 듣고서야 쩌우 아줌마 상황이 이해되었다. 결국 독립적인 생활을 할 수 없는 현실이 가장 큰 문제였다. 해바라기센터에서는 여러 기구한 사연을 가진 여성과 아동들이 지친 몸과 마음을 위로받고 있었다.

센터에서 만난 캄보디아 출신 쏙카 언니도 자기 사연을 들려줬다.

"우리 남편은 일 시키려고 내가 돈 주고 너를 데려왔다면서 나를 아내가 아닌 하녀 취급했어. 걸핏하면 욕하고, 때렸어."

쏙카는 마을 할머니들에게 도움을 청해도 "여자가 참아야 한다. 우리도 다 그렇게 살았다."라는 말만 돌아왔다고 했다. 쏙카는 남편이 동의해서 한국 국적을 신청했었다. 하지만 가정 폭력에 시달리던 쏙카가 더 못 참고 해바라기센터로 몸을 피하자 남편이 국적 취득 신청을 취소해 버렸다. 그래서 쏙카는 추방당할 수도 있는 난감한 상황이라고 울음을 터뜨렸다.

해바라기센터에서 만난 한 오빠는 가정 폭력에 시달려서 가출한 사연을 말했다. 온몸에는 담뱃불로 지진 흉터가 보였다. 눈에는 아직도 시퍼런 멍이 그대로였다. 오빠는 자신이 어른이 되면 복수할 거라고 했다. 당장 집을 나오고 싶어도 갈 곳이 없어서 결국 집으로 돌아가야 하는 상황이라며, 자신이 처한 현실이 너무 두렵고, 싫다고 했다.

해바라기센터장님은 이런 폭력이 한국 사회에 여전히 남아 있는 가부장적인 문화 탓이라고 했다. 자식을 부모 소유물로 생각하는 태도 때문에 '내 자식 내가 때려서 가르친다는데 뭔 상관이야.'라고 생각하는 부모들이 여전히 많다고 했다. 자식도 엄연한 독립적인 인격을 가진 존재라는 생각을 못 한다는 것이다.

결혼 이주 여성들이 겪는 가정 폭력 역시 가부장적인 문화에서 생겨났다. 보통 이주 여성의 가정은 남편의 경제권이 더 우월하다. 게다가 부부 사이의 권력이 평등하지 않은 한국 문화도 문제다. 거기에 평균 열 살 이상 나이가 어린 외국인 아내를 함부로 대한다. 가족 구성원으로 인정하지 않고, 내가 돈을 주고 우리 집에 데려왔으니 내 마음대로 해도 된다는 식으로 생각하는 경우가 많다고 한다. 그러다 보니 아내로서 존중하지 않고 폭언과 폭행을 마음대로 휘두르는 끔찍한 일이 발생한다고 했다.

해바라기센터장님은 무엇보다도 결혼 이주 여성이 국적을 취득할 때 한국인 남편이 전적인 권력을 행사하도록 한 법 조항이 문제라고 했다. 그 법 때문에 이주 여성들이 옴짝달싹할 수 없는 것이 가정 폭력 앞에서 당하고 있을 수밖에 없는 중요한 원인이라고 지적했다.

센터장님 이야기를 들으면 들을수록 화가 났다. 이런 폭력적인 남자들을 싹 없애 버리고 싶었다. 가부장제 사회를 뒤엎어 버리고 여성이 주인이 되는 세상을 만들고 싶었다. 그동안 여성들이 얼마나 큰 고통을 당했는지 남자들이 그대로 느낄 수 있도록 갚아 주고 싶었다.

그런데 그건 지금 당장 할 수 있는 일이 아니다. 어떻게 해야 할지도 사실 잘 몰랐다. 그것보다 당장 할 수 있는 일, 해야 할 일이 있었다. 바로 부여받은 퀘스트를 수행하는 일이다.

퀘스트 : 폭행 피해자를 도와 해바라기센터로 무사히 대피시키고, 해바라기센터 입소자를 도와주세요.

일단 쩌우 아줌마를 대피시키는 일은 했는데 해바라기센터 입소자를 어떻게 도와줘야 할지 막막했다. 그때 내가 가진 장기가 생각났다. 솔직히 학예회 기억이 내겐 악몽이라서 다시는 하지 않겠다고 결심했었다. 하지만 내가 잘할 수 있는 장기가 '트램펄린 묘기'와 '콧바람으로 촛불 꺼트리기'이니 수군대는 사람이 있더라도 상처가 난 마음에 조금이나마 위로가 될 수 있겠다 싶어 입소자들을 위한 공연을 결심했다.

내가 한쪽 콧구멍 바람으로 촛불 서른 개를 한꺼번에 휙 불어 꺼트리자 모두 깜짝 놀라며 유명 연예인을 직접 본 것처럼 환호성을 질렀다. 여자가 어쩌고 하면서 빈정대는 사람은 한

명도 없었다. 그 덕분에 오히려 내가 큰 위로를 받았다.

그 기세를 몰아 트램펄린을 펼쳐 마음껏 새처럼 하늘을 날기 시작했다. 해바라기센터 폭력 피해자들도 이 좁은 공간을 벗어나 자유롭게 훨훨 자신 삶을 펼치기를 응원하는 마음을 담아 플립, 백플립 그리고 공중에서 360도 연속 두 번 회전하는 더블 백플립까지 처음 선보였다. 연습할 때 한 번도 제대로 성공하지 못했는데 응원하는 마음 덕분인지 깔끔하게 거꾸로 두 바퀴 돌아 착지까지 멋지게 해냈다. 쩌우 아줌마와 쏙카 언니 모두 오랜만에 웃음꽃을 활짝 피웠다.

[해바라기센터 퀘스트 완료! 트램펄린 세트 획득 - 영원히 자유롭게 사용 가능]

성공과 함께 기분 좋은 보상 알림까지! 나도 오랜만에 행복을 맛보았다. 하지만 나는 잊지 않았다. 이제 복수의 시간이다. 불끈 쥔 주먹을 부르르 떨고 있을 때 갑자기 새로운 초대장이 날아왔다.

[성차별에 맞서 남성들에게 복수를 꿈꾸는 당신을 맬컴 엑스와 KKK단이 초대합니다.]

나는 센터에서 만난 분들에게 인사하고는 얼른 복수를 위한 다음 단계로 넘어갔다.

"백인은 악마입니다! 그리고 그 악마는 바로 우리 흑인의 적입니다!"

키가 크고 민첩하게 생긴 체구를 가진 흑인이 강한 목소리로 연설하고 있었다. 그는 말끔한 정장을 차려입고 있었다. 검은 테 안경이 그를 더 날카롭고, 지적으로 보이게 했다.

그 자리에 모인 흑인들은 그가 하는 말에 반응했다.

"백인은 악마다. 우리의 적이다."

연설은 계속되었다.

"마틴 루서 킹[25]은 '우리에겐 꿈이 있습니다.'라고 연설했습니다. 하지만 난 그 어떤 아메리칸 드림[26]도 보지 못했습니다. 우리 흑인들에게는 그저 아메리칸 악몽만 있을 뿐입니다."

"옳소!"

청중들은 열띠게 박수로 호응했다. 점점 연설장의 분위기는 뜨거워졌다. 나는 이 상황이 어리둥절했다. 옆에서 힘차게 손뼉을 치는 흑인에게 물었다.

"저분은 누구세요?"

"맬컴 엑스를 모르다니. 참 별일이구나. 흑인 민권운동 지도자이지. 하긴 넌 흑인이 아니니 모를 수도 있겠구나."

그러더니 그는 고개를 돌려 다시 맬컴 엑스의 연설에 귀 기울였다.

"원수를 사랑하라는 것은 말도 안 되는 이야기입니다. 난 한

번도 원수 사랑을 실천하는 백인을 본 적이 없습니다. 백인은 단지 마틴 루서 킹을 이용하는 것뿐입니다. 자신들은 실천하지 않으면서, 우리 흑인들에게만 비폭력을 실천해야 한다고 세뇌하고 있습니다. 여러분 원수를 사랑하지 마십시오. 우리가 사랑해야 할 것은 원수가 아니라 우리 자신입니다."

"우리 자신을 사랑하자!"

청중들은 큰 소리로 화답했다. 나는 얼른 스마트폰을 꺼내 맬컴 엑스를 검색해 봤다. 그는 '블랙 무슬림' 신앙인으로 흑인들이 다른 인종보다 우월하며, 백인들은 사악하게 태어났다고 주장했다. 그래서 백인들에게 맞서 흑인을 지키기 위해 폭력을 행사하는 것은 정당하다고 주장했다. 맬컴 엑스는 흑백 평등, 흑백 통합에 반대했다. 흑백 분리를 통해 흑인 국가설립을 주장해서 많은 흑인 호응을 끌어냈다. 맬컴 엑스 연설은 어느덧 절정으로 치닫고 있었다.

"여러분에게 자유를 줄 수 있는 사람은 아무도 없습니다. 여러분에게 평등과 정의를 거저 줄 수 있는 사람 역시 그 어디에도 없습니다. 자유, 평등, 정의 그 어떤 것들이라도 우리

스스로 쟁취해야만 합니다."

마침내 그의 격정적인 연설이 끝났다. 내 심장도 덩달아 요동쳤다. 우렁찬 박수와 함성이 절로 나왔다.

'그래 맞아. 못된 백인들에게 맞서 흑인들이 싸우듯, 남성들이 지배하는 세상에서 여성들의 권리도 거저 얻을 수는 없어. 여성들 스스로 남성들과 맞서 싸워서 쟁취해야 해.'

그때 요란한 총소리가 집회장을 난장판으로 만들었다. 가슴에 '불타는 십자가'가 그려진 흰 가운을 입고, 뾰족한 두건으로 얼굴을 가린 무리가 습격했다.

"미국은 백인의 나라다. 미개한 흑인들은 떠나라."

'철커덕' 라이플총을 장전할 때 나는 섬뜩한 의성어인 쿠 클럭스 클랜(Ku Klux Klan)의 약자를 딴 백색테러 집단 KKK의 습격이었다. 여기저기 흑인들이 총에 맞아 쓰러지고, 순식간에 현장은 아비규환이 되었다. 백인 지상주의 단체인 KKK단은 여기저기 불을 지르고 사라졌다. 빗발치는 총알에 머리를 맞은 흑인 소년이 피

흘리며 죽었다. 한 흑인 여성은 가슴에 총을 맞고 그대로 고꾸라졌다. 얼마 뒤 요란한 사이렌을 울리며 경찰이 출동했지만, KKK단은 이미 떠난 뒤였다.

분노한 흑인들은 총으로 무장하고 복수를 다짐했다. 그들은 백인 상점을 찾아가 불을 지르고, 약탈했다. 눈에 띄는 백인을 향해 여성이든 어린이든 가리지 않고 총을 난사했다. 놀란 백인들은 황급히 몸을 숨겼지만, 그 전에 총알이 백인 소녀의 등을 뚫었다. 그 소녀를 부축하던 백인 아저씨도 총탄에 쓰러졌다. 도심 여기저기에 시뻘건 불길이 치솟았다. KKK단에 당한 것을 흑인 무장세력들은 그대로 갚아 줬다.

경찰들이 출동하자 경찰과 총격전이 벌어졌다. KKK단과 흑인 무장세력이 휩쓸고 간 자리에는 무고한 어린이, 여성, 흑인, 백인이 흘린 피가 낭자했다. 깨진 유리창, 시커멓게 불탄 상점들, 그 끔찍한 전쟁터 같은 도심 한복판에서 나는 오도 가도 못 했다. 그저 쭈그리고 앉아 머리를 처박고 두려움에 떨었다. 흑인 혐오와 백인 혐오가 충돌할 때 고통받고 희생되는 것은 힘없는 어린이, 여성, 죄 없는 시민이라는 사실을 두 눈으로 똑똑히 봤다.

그렇다면 남성 혐오와 여성 혐오가 맞붙으면 이런 똑같은 상황이 벌어지는 것은 아닐까? 가부장제 잘못을 뒤엎기 위해,

여성 차별을 바로 잡기 위해, 남성을 내쫓는 것이 해결책이 될 수 있을까? 여성이 남성을 지배하면 세상이 정말 좋아지는 걸까? 갑자기 회의감이 밀려들었다. 머릿속이 너무 복잡해서 심한 두통이 느껴졌다. 그대로 주저앉아 두 손으로 머리를 감싸쥐고 괴로워했다.

"그럼 어떡해?"

내가 괴로움에 소리치자 나는 어느새 초기 화면으로 돌아와 있었다. 그리고 곧 초대 알림이 도착했다.

[용감한 다섯 친구를 찾습니다. '게임 체인저 : 기본소득'으로 당신을 초대합니다.]

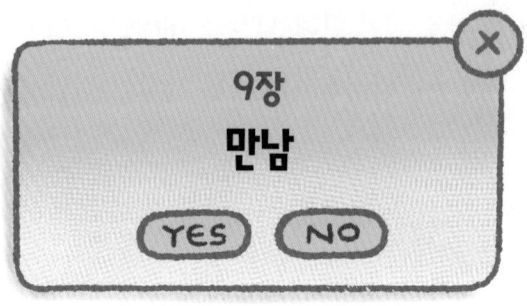

띵동! 강기후 님이 입장하셨습니다.

띵동! 노본회퍼 님이 입장하셨습니다.

띵동! 지소유 님이 입장하셨습니다.

띵동! 극득남 님이 입장하셨습니다.

"게임 체인저 : 기본소득에 오신 것을 환영합니다."

기후재난으로 인류 종말을 걱정하나요?

로봇과 AI 때문에 미래 일자리가 불안한가요?

잘사는 사람만 계속 잘살고, 돈 없으면 불행한 세상이 싫은가요?
각종 차별과 혐오가 가득한 세상을 고쳐 보고 싶은가요?

세상에는 자기 시간과 돈을 들여서라도 좀 더 나은 사회를 만들려고 애쓰는 사람이 있습니다. 바로 여러분들처럼 말이죠. 이제 당신은 게임 체인저가 되어 당신이 꿈꾸는 사회를 직접 만들어 보세요!

퀘스트 : 자신이 가진 고민을 털어놓고, 공동의 해결 방안을 찾으세요!
보상 : 각자 가진 아이템을 합체해 아이템 무한 복제와 새로운 기능 추가 가능

둥근 탁자 둘레로 의자 여섯 개가 있다. 탁자 위에는 전자 명패 여섯 개가 텅 빈 채 깜빡였다. 전면 벽 커다란 모니터에는 "용감한 다섯 친구를 환영합니다."라는 글귀가 반복해서 흘렀다. 그리고 그 아래에는 수많은 이름이 모니터 안을 가득 채웠다.

기수, 기영, 기철, 기호, 기석, 기정, 기후, 기환, ……
본승, 본우, 본민, 본규, 본태, 본정, 본회퍼, 본혁, ……
소영, 소정, 소민, 소중, 소라, 소희, 소유, 소진, ……

득중, 득현, 득기, 득환, 득희, 득선, 득남, 득훈, ······

곱슬머리를 뒤로 넘겨서 이마가 훤한, 피부에 약간 홍조를 띤 70대 할아버지 한 분이 짙은 눈썹을 매만지며 탁자 주위를 어슬렁거렸다.

강기후, 노본회퍼, 지소유, 극득남이 호기심 가득 찬 눈빛으로 차례차례 입장했다. 그러자 탁자 위 전자명패에 아이들 이름이 새겨졌다. 아이들은 각각 자기 이름을 찾아 눈치껏 의자에 앉았다. 첫 만남이 주는 불편한 침묵이 방 안 공기를 무겁게 했다. 아이들은 서로 눈이 마주치면 어색한 웃음을 지어 보였다.

아이들 시선은 모두 자신들과는 사뭇 다르게 생긴 할아버지를 향했다. 빈자리를 찾아 할아버지가 앉자 '토머스 페인'이라는 이름이 전자명패에 새겨졌다. 여섯 자리 가운데 한 자리는 여전히 비어 있었다. 할아버지가 침묵을 깨고 천천히 이야기했다.

"여러분을 오랫동안 기다렸습니다. 난 토머스 페인입니다. 여러분은 각기 다양한 문제에 대한 해결책을 찾고 있습니다. 그런데 그 문제 해결책은 여기 모인 친구들이 힘을 모을 때 찾을 수 있습니다. 전 여러분들이 그 해결책을 찾을 수 있도록 돕겠습니다. 먼저 각자 자기소개를 해 볼까요?"

그러면서 토머스 페인은 강기후를 바라보며 눈짓으로 시작을 권했다. 눈치 빠른 기후가 입을 열어 말했다.

"저는 강기후입니다. 요즘 지구는 기후위기로 멸망을 걱정해야 할 상황입니다. 태평양 섬나라 주민들은 선진국이 불러온 지구 온난화로 해수면이 상승해서 삶의 터전을 빼앗기는 큰 고통을 당하고 있습니다. 지구 온난화는 홍수와 허리케인, 사이클론, 폭염, 가뭄 등 극단적인 이상기후 현상을 증가시켰습니다. 그 결과 지난 반세기 동안 전 세계에서 약 200만 명이 사망하였고, 4조 3,000억 달러, 그러니까 우리 돈으로 약 5,660조 원의 경제적 피해를 봤습니다. 특히 사망자 열 명 가

운데 아홉 명이 개발도상국[27]에서 발생하는 등 기후재난은 약자에게 더 혹독했습니다."

아이들은 기후위기가 심각한 줄은 알았지만, 이렇게 엄청난 피해를 주고 있는 줄은 몰랐기에 기후의 설명을 들으며 깜짝 놀랐다.

"그래서 전 사람들이 지구 온난화의 주범인 탄소를 배출하지 못하도록 에너지 요금과 고깃값을 대폭 올리면 자연스럽게 모든 문제가 해결될 줄로 알았습니다. 그런데 그게 간단하지 않았습니다. 석탄과 석유에 세금을 높게 매기면 곧바로 화력발전 비용이 증가하여 전기요금이 오릅니다. 결국 가난한 사람들은 폭염과 강추위에도 비싼 요금 때문에 제대로 냉난방을 할 수 없어 고통받고, 심지어는 사망자가 늘게 됩니다."

다들 기후 말을 들으며 문제 해결이 정말 쉽지 않겠다고 생각했다.

"기후재난이 뻔한데 탄소 감축을 안 할 수도 없고, 그렇다고 가난한 사람들만 고통받는 에너지 요금 인상을 단행할 수도 없고, 진퇴양난에 빠져 고민하는 순간 이 자리에 오게 되었습니다. 여러분과 함께 기후위기 문제 해결의 실마리를 꼭 찾고 싶습니다."

친구들은 기후의 말이 끝나자 박수를 보냈다. 자신들도 문제를 안고 왔는데 또 다른 문제 해결을 도와야 한다니 걱정이 들기도 했다. 아이들 걱정을 아는지 모르는지 토머스 페인은 기후 소개에 흡족한 미소를 보이며 다음으로 노본회퍼에게 발언 기회를 주었다.

"반갑습니다. 낯선 곳으로 오게 되어 겁이 났는데 친구들을 보니 마음이 놓이네요. 전 노본회퍼입니다. 엄마는 한국인이고 아빠는 독일인입니다. 로봇 때문에 노동자들 일자리가 사라져서 먹고살기가 힘들어지는 것이 안타까웠습니다. 그리고 솔직히 제가 어른이 되었을 때 로봇과 AI 때문에 직업을 못 가지게 될까 봐 두렵기도 합니다."

아이들 역시 학교 공부와 방송을 통해서 로봇과 일자리 문제에 대해 익히 들었던지라 본회퍼 이야기가 어렵게 느껴지지 않았다.

"그래서 로봇과 AI 개발을 지금이라도 멈춰야 하나 생각했는데, 18세기 산업혁명 이후 러다이트 운동 즉 기계파괴운동을 펼쳤던 분들을 만나고 고민에 빠졌습니다. 1800년대 러다이트들이 목숨을 걸고 투쟁했는데도 여러분도 아시다시피 현실은 기계화를 넘어 로봇화되는 세상이 되었습니다."

본회퍼의 말을 듣고 있던 아이들이 고개를 끄덕였다.

"게다가 제 안에서 자꾸 드는 의문이 저를 괴롭힙니다. 러다이트들이 성공해서 정말로 기계가 다 사라졌다면 과연 우리가 지금처럼 편하게 살 수 있었을까 하는 물음 때문에 고민이 많습니다. 솔직히 지금 생각은 로봇과 AI를 막을 수도 없고, 막는 것만이 능사도 아니라고 생각합니다. 하지만 그렇다고 로봇과 AI의 급속한 보급을 넋 놓고 바라만 보고 있으면 결국 우린 일자리를 다 잃고 굶어 죽을 것입니다. 실제로 산업혁명 이후 대다수 노동자는 더 풍요로운 삶을 살기는커녕 그 이전 수준 삶을 사는 데까지 무려 100년 이상을 극심한 가난 속에서 고통받았다고 합니다. 우리 역시 로봇과 인공지능 시대를 아무 대책 없이 맞게 된다면 대다수 사람이 실업자가 되어 얼마나 힘든 삶을 살겠습니까? 여러분과 함께 이 어려운 국면을 잘 헤쳐 나가고 싶습니다. 여러분들이 지혜로 절 도와주실 거라 믿습니다."

본회퍼의 말이 끝나자 아이들은 또 박수를 보냈다. 이어서 지소유가 자연스럽게 소개를 이어받았다.

"우리 부모님은 법정 스님의 무소유 정신을 삶 속에서 실천하려고 애씁니다. 그런데 현실에선 단지 가난하다는 까닭으로 차별받고 놀림당합니다. 상위 1%가 전 세계 자산의 절반 가까이 차지하는 반면 하위 52%의 사람들은 고작 1.2% 쥐꼬리만큼의 자산을 소유하고 있을 뿐입니다."

아이들은 불평등이 심하다는 것은 들어서 대충 알고 있었지만, 그 차이가 어마어마하게 커서 깜짝 놀랐다. 결국 100명으로 따지면 피자 한 판 가운데 절반은 한 사람 몫인데, 52명이 피자 한 판의 1/100 조각을 갖고 나눠 먹어야 한다는 이야기 아닌가?

"이번에는 일해서 벌어들이는 소득을 살펴볼까요? 2021년 소득 기준 상위 1% 가수, 그러니까 대략 77명의 연 소득은 총 3,555억 원으로 전체 가수 소득의 약 69%를 차지했습니다. 1인당 평균 연봉이 약 46억 원입니다. 반면 하위 90% 가수 대부분은 한 해 평균 수입이 870만 원에 불과합니다. 한 달에 채 100만 원도 벌지 못한다는 말입니다."

아이들도 뉴스를 본 기억이 났다. 가수뿐 아니라 유튜버, 프로게이머, 스포츠 선수 그리고 회사원 할 것 없이 소득 상위 1%가 받는 연봉과 대다수 일반인이 받는 연봉은 천양지차, 다시 말해 하늘과 땅 차이다. 그러니 상위 1%가 되기 위해 극심한 경쟁을 벌인다. 더 슬픈 사실이 있다. 상위 1%는 경쟁에서 승리한 사람들이기 때문에 당연히 보상받는 거라고 여기면서, 하위 90%는 자기 능력 부족이기 때문에 가난을 당연히 감수해야 한다고 생각해 패배감에 사로잡혀 있다는 점이다.

"주식투자 등을 통해 얻는 배당소득은 더 엄청난 차이를 보입니다. 상위 0.1%가 8억 2천만 원을 받지만, 하위 10%는 단 79원만 받아서 무려 천만 배 넘는 차이를 보입니다. 저는 이러한 극심한 자산과 소득 불평등 문제에 관심이 많습니다. 그래서 뉴욕 월스트리트에서 벌어진 '월가를 점거하라' 시위에 참여하며 모두가 평등하고 차별 없는 세상을 꿈꿨습니다. 그런데 얼마 지나지 않아 그 꿈에 대해 의구심이 들었습니다. '절대 평등' 커뮤니티에서 만난 조너스 이야기를 통해 절대 평등을 위해 다름을 인정하지 않는 사회가 과연 행복할까, 좋은 사회일까, 의심이 들었기 때문입니다."

아이들은 절대 평등 커뮤니티는 어떤 곳인지 궁금했다. 조너스라는 아이에 대해서도 호기심이 생겼다. 아이들 질문에 소유는 조너스에게 듣고, 자신이 본 것을 자세히 설명해 줬다. 그러고는 자꾸 시간을 확인하는 토머스 페인 눈치를 보며 서둘러 말을 마무리했다.

"극심한 자산과 소득 불평등 그리고 이로 인한 갈등을 어떻

게 슬기롭게 해결할 수 있을지, 무조건 평등이 길이 아니라면 어떤 대안이 있을지 의문을 품고 이 자리에 오게 되었답니다."

아이들은 박수를 보내면서도 표정은 어두워졌다. 어느 것 하나 만만한 문제가 없어 보였다. 다른 친구들 도움을 받아 자기 문제가 해결되길 바랐는데, 오히려 여러 친구 문제까지 떠안아서 고민해야 하니 튼튼한 동아줄이 아니라 썩은 밧줄을 잡은 건 아닌가 하는 불안감이 스멀스멀 기어올랐다.

끝으로 콧구멍을 벌름벌름하며 극득남이 자리에서 일어났다.

"전 극득남입니다. 저는 득남이라는 제 이름이 맘에 들지 않습니다. 전 태어날 때부터 남녀 차별, 남성중심주의, 가부장

문화와 함께했답니다. 해바라기센터에서 만난 사람들을 보며 한국 사회에 여전히 가정 폭력 문제가 심각하다는 것을 알았습니다. 그런 폭력이 왜 계속 대물림되어야 하는지 이해가 되지 않습니다. 여성들이 그동안 당했던 차별을 남성들에게 고스란히 갚아 주고 싶었습니다."

그 말에 기후와 본회퍼는 흠칫 놀랐다. 한편으로 자신들은 여성을 차별하지도 않았고, 평등하게 지내고 있는데 남자 어른들 잘못을 자기들에게 묻는 것 같아 불만스러웠다. 어떤 성이든 차별받아서는 안 된다는 생각에는 물론 동의했다. 하지만 여자애들은 걸핏하면 평등을 외치다가도 하기 싫은 건 남자애들을 시켜 먹으려고 한다. 그런 게 무슨 평등이냐고 따지고도 싶었다. 기후와 본회퍼가 불편한 마음을 드러냈지만, 득남이는 아랑곳하지 않고 자신이 하고 싶은 말을 당당하게 펼쳐 나갔다.

"남성들을 떠나 여성들만의 세상을 만들고도 싶었습니다. 그런데 흑인차별철폐 운동에 나섰던 흑인 우월주의, 급진주의[28] 자들이 백인 지상주의 KKK단과 극한 충돌을 일으키는 것을 보면서 생각에 변화가 일었습니다. 흑인과 백인이 서로를 혐오하고, 싸울 때 문제가 해결되기보다는 무고한 여성, 어린이, 시민들이 더 큰 상처를 받는다는 것을 깨달았기 때문입니다.

그래서 남성 혐오, 여성 지배가 여성 해방의 진정한 해결책이 되긴 어렵겠다는 생각에 이르렀습니다."

기후와 본회퍼는 안도의 한숨을 내쉬었다. 불편한 마음도 눈이 녹듯 사라졌다. 남자인 자신들 역시 어떻게 하면 성평등을 이룰 수 있을지 지혜를 모아야겠다고 다짐했다. 득남이는 또박또박 말을 이어 갔다.

"그렇다면 도대체 어떤 방법으로 평등한 세상, 단지 태어난 성별만으로 차별받지 않을 수 있는 세상, 나아가서 어린이 청소년 인격이 존중받는 세상을 만들 수 있을까요? 답답한 가슴을 뻥 뚫어 줄 해결책을 찾기 위해 이 자리에 섰습니다."

아이들 소개가 모두 끝나자 토머스 페인은 자리에서 일어나 이야기했다.

"현재 최강대국으로 알려진 미국은 사실 250여 년 전만 하더라도 영국의 식민지에 불과했습니다. 그 당시 아무도 미국이 독립국이라는 생각을 하지 못했습니다. 오늘날은 국가의 주권은 국민에게 있으며, 모든 시민은 평등하다는 생각이 상식이지만 당시에는 영국 국왕을 섬기는 것을 당연하게 생각했습니다.

전 『상식(Common Sense)』이라는 책을 통해 미국이 독립해서 얻을 수 있는 이익을 설명하고, 미국 독립이 왜 도덕적, 사상적, 이념적으로 정당한지를 증명했습니다. 초기에는 헛소리라고 비난받기도 했지만, 점차 그 책을 읽은 사람들이 호응했고, 마침내 대영제국으로부터 신생 미국이 독립할 수 있었습니다."

아이들은 토머스 페인 할아버지가 미국 독립사상 기초를 놓은 분이라는 사실에 깜짝 놀랐다. 자신들이 가진 고민에 대한 해결책을 알려 줄 분이라는 강한 신뢰가 생겼다. 도대체 어떤 끝내주는 방법으로 기후위기, 일자리 문제, 자산과 소득 불평등, 성차별 문제를 해결할 수 있을지 궁금해서 그다음 말을 기다렸다.

"여러분이 제기한 문제의 해결책 궁금하지요? 그런데 사실 그 해결책은 바로 여러분 자신에게 있습니다."

아니, 이건 뭔 소리인가? 토머스 페인 할아버지로부터 신통방통한 방법이 나오길 기대했던 아이들은 실망했다. 우리 자신에게 있으면 그냥 알아서 해결하지 뭐 하러 이 자리에 왔겠는가? 그래도 여기까지 온 노력이 아까워서 아이들은 불만을 감추고 토머스 페인 할아버지 말을 끝까지 들었다.

"여러분 이름 첫 글자에 그 답이 있답니다. 어디 한번 찾아볼까요?"

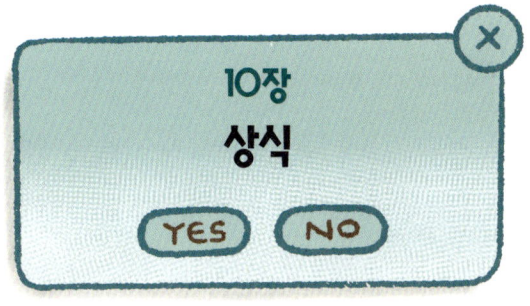

아이들은 별로 믿음이 가지 않았지만 속는 셈 치고 자기 이름 첫 글자를 하나하나 말해 낱말을 만들어 보았다.

기후의 기, 본회퍼의 본, 소유의 소, 득남의 득.

네 글자로 조합할 수 있는 단어는 총 스물네 개였다.

기본소득 / 기본득소 / 기소본득 / 기소득본 / 기득본소 / 기득소본

본기소득 / 본기득소 / 본소기득 / 본소득기 / 본득기소 / 본득소기

소기본득 / 소기득본 / 소득기본 / 소득본기 / 소본기득 / 소복득기

득기소본 / 득기본소 / 득소본기 / 득소기본 / 득본기소 / 득본소기

아이들은 나눠서 낱말 뜻을 검색해 보니 사전에 나오는 낱말은 딱 하나였다.

'기본소득'

아이들이 '기본소득'을 정답으로 외쳤다.

"맞습니다. 바로 기본소득이 여러분이 지닌 문제를 해결하는 중요한 열쇠가 될 수 있습니다. 기본소득이 뭔지 알고 있나요?"

"잘 몰라요. 그냥 뉴스에서 본 것 같아요. 기본소득이 뭔가요? 그리고 그게 왜 해결책이 될 수 있다는 거죠?"

기후가 물었다. 나머지 아이들도 모두 궁금하다는 눈치였다.

"기본소득이란 쉽게 말해 어떤 조건도 없이 주어지는 용돈 같은 거예요. 사회 구성원 모두에게 차별 없이, 재산의 많고 적음이나 일하는지 안 하는지 같은 조건을 붙이지 않고, 한 사람 한 사람에게, 정기적으로 지급하는 현금을 말해요."

"와, 조건 없이 아무에게나 준다고요? 일이나 심부름해야 받을 수 있는 게 아니라 정말 아무것도 안 해도 받을 수 있다고요? 그럼 우리 같은 어린이들에게도 기본소득을 주나요? 누가 왜 어디서 그 돈이 생겨서 줄 수 있는 거지요?"

이번에는 노본회퍼가 물었다.

"좋은 질문입니다. 그 질문에 답하려면 우선 제 얘기를 좀 더 해야겠군요. 전 『상식』을 써서 미국 독립의 도화선[29]에 불을 붙인 후 프랑스로 건너가 프랑스 혁명[30] 에도 참여했지요. 그때 쓴 책이 『인권(Rights of Man)』 1부와 2부예요. 난 『인권』

1부 책을 통해 오늘날 여러분이 당연히 누리고 있는 국민의 주권, 개인적 자유권, 선거권, 언론의 자유, 혁명권을 주장했어요. 또한 자유, 평등, 안전, 재산, 사회적 보호, 압제에 대한 항거를 외쳤지요."

미국 독립뿐 아니라 프랑스 혁명에도 토머스 페인 할아버지가 영향을 끼쳤다는 사실에 아이들은 경외심 가득한 눈빛으로 바라봤다. 토머스 페인은 그 눈빛을 즐기며 말을 이어 갔다.

"또 『인권』 2부에서는 대중교육, 빈민구제, 노인 연금, 실업구제, 누진적 소득세[31] 징수, 재산권의 사회적 책임, 빈민층 보호 등 요즘 복지국가가 갖춰야 할 여러 모습에 관해서 주장했어요. 지금 봐서는 전혀 새로운 것이 없는 이야기이지만 그땐 아주 파격적인 주장이었답니다."

아이들은 할아버지가 대단하다고 느끼면서 동시에 얼른 해결책을 얘기해 주기를 바랐다. 대체 기본소득이 어떻게 해결책이 된다는 건지 알고 싶었다. 토머스 페인은 침착하게 설명을 이어 갔다.

"지금 여성이 선거에서 투표하는 게 당연해 보이지요? 불과 100여 년 전엔 남성들만 투표할 수 있었고 여성 선거권 주장은 말도 안 되는 주장이라고 비난받았다는 사실을 알고 있나요? 이처럼 우리 사회가 바뀌어야 한다는 목소리는 처음엔 거세게 저항받거나 비난받곤 했지만, 가능하지 않아 보이던 혁명이 결국엔 만들어졌고, 그런 목소리 덕에 오늘날 여러분이 사는 사회에 이르렀습니다. 아무튼, 제 주장은 거의 받아들여졌지만 아직도 현실에 반영이 안 된 것이 있답니다. 바로 저의 마지막 저서 『토지 분배의 정의(Agrarian Justice)』에서 주장한 기본소득이에요."

이야기가 점점 어려워지자 경외심 가득했던 아이들 눈빛은 점점 흐리멍덩해져 갔다. 그런데도 토머스 페인은 아랑곳하지 않고 주먹까지 불끈 쥐어 가며 열강했다.

"지구는 인류가 다 함께 이용해야 하는 공유재산이지요. 그런데 현실은 특정한 토지 소유계급이 독차지하며 그 땅으로부터 나오는 이윤 역시 모두 독점하고 있어요. 그 때문에 부의 불균형은 점점 심각해지고 있지요. 모두의 것을 일부가 차지하는 것은 옳지 않아요. 그 일부는 공유재산을 이용한 대가를 공유부의 주인인 모두에게 내야 해요. 그것이 바로 기본소득이지요."

토머스 페인은 긴 이야기에 숨이 가쁜지 물을 한 컵 따라 마셨다. 아이들은 페인의 말을 경청하려고 했지만 어려운 내용에 자꾸 시선이 빈자리로 갔다. 그제야 이를 눈치챈 페인은 아이들이 쉽게 이해할 수 있게 질문 하나를 던졌다.

"달은 누구의 땅입니까?"

토머스 페인의 질문에 아이들은 고개를 갸웃했다. 참 엉뚱한 질문이라는 표정으로 기후가 물었다.

"달의 주인이 있어요?"

그러자 득남이가 말했다.

"달은 누구의 것도 아니에요. 달은 달의 것이죠."

토머스 페인은 엷은 미소를 지으며 다시 질문했다.

"그런데 정말로 달이 자기 땅이라고 주장해 달 땅을 팔아먹은 사람이 있습니다."

아이들은 모두 놀라 입을 벌렸다. 토머스 페인은 설명을 이어 갔다.

"미국인 데니스 호프라는 자예요. 데니스 호프는 1967년 체결된 「외기권 조약(Outer Space Treaty)」을 도서관에서 찾았습니다. 이 조약은 미국과 유럽 강대국들이 실제 사인을 한 정식 문서인데, '달과 태양 등 우주의 어떤 것도 특정 국가가 소유권을 주장할 수 없다.'라는 내용을 담고 있어요. 데니스 호프는 이 조약의 허점을 이용해 미국 샌프란시스코 지방법원에 소송을 걸어 달 소유권을 주장했죠. 어이없게도 샌프란시스코 법원은 그의 손을 들었습니다. 외기권 조약 문서가 '국가의 소유'를 금지했을 뿐 '개인의 소유'까지 부정한 건 아니라는 겁니다. 자기에게 유리한 판결이 나오자 데니스 호프는 '달 대사관(Lunar Embassy)'이라는 회사를 세워 달을 팔기 시작했고 150억 원 넘게 돈을 벌어들였다고 해요."

"헐, 말도 안 돼요!"

듣다 못한 본회퍼가 소리쳤다. 토머스 페인은 그 마음을 잘 안다는 듯 고개를 끄덕이며 말을 이었다.

"그래요, 말도 안 되지요. 그런데 데니스 호프의 주장에 반박은커녕 오히려 그에게 돈을 주고 달을 산 사람들이 있지 않습니까? 한국인도 있더군요. 달은 누구의 것도 아닌데 말입니다. 그런데 여러분, 여러분이 사는 이 지구는 누구의 것입니까?"

무슨 당연한 걸 묻느냐는 표정으로 기후가 말했다.

"달이 누구의 것도 아니듯 지구도 누구의 소유물이 아니에요. 주인은 없죠!"

다른 아이들도 고개를 끄덕였다. 그러자 토머스 페인이 그럴 줄 알았다는 표정으로 말했다.

"그런데 왜 여러분은 지구의 땅을 사고파는 일엔 의문을 제기하지 않습니까? 달의 땅을 사고파는 사람들처럼 지구의 땅을 사서 내 거라고 주장하지 않습니까? 물론 여러분 부모나 어른들이 그러하고 있겠지만, 여러분 아무도 그걸 이상하게 생각한 적이 없지요?"

아이들은 모두 어안이 벙벙했다. 듣고 보니 그랬다. 지구는 누구의 것도 아닌데 사람들이 지구 땅을 사고파는 일을 이상하게 생각해 본 적 없었다. 원래 지구의 땅은 누구의 소유도 아니었다. 그런데 마치 데니스 호프가 달을 자기 땅이라고 주장하듯, "여기는 우리 땅이야!"라고 주장하는 사람들이 지구를 쪼개 금을 긋기 시작했다.

그곳에 살고 있던 원주민뿐 아니라 인간 말을 하지 못하는 무수한 동식물들은 갑자기 나타난 '지구의 땅 주인' 앞에 어안이 벙벙했을 테다. 그럼 모두가 갑자기 나타난 땅 주인한테 반기를 들었어야 했는데, 달 사진에 손가락을 대서 "여기를 사겠어요."라고 말해 돈을 주고 달을 산 사람들처럼, 먼저 지구 땅에 깃발을 꽂아 여기저기를 사들이는 사람들이 생겨났다. 국가는 이를 허락해 주는 대가로 또 돈을 받았다. 이렇게 돈을 주고받는 인간들 사이에 약속이 생기면서 결국 지구 땅을 사고파는 일이 오늘날 당연한 '상식'이 되어 버린 거다.

"자, 이제 내가 앞에서 했던 말을 이해하겠어요? 누구의 것도 아닌 모두의 것인 공유부를 특정한 이들이 독차지하고 거기서 나오는 이윤을 가져가는 게 얼마나 말도 안 되는 일인지 이제 알겠지요? 기본소득은 공유부에서 나온 이득을 모두에게 다시 돌려주어야 한다는 생각에서 시작해요. 그러니 어떤 대가도 없이 우리는 기본소득을 받을 수 있는 겁니다."

그러고는 정리해서 다시 한번 설명했다.

"결국 기본소득은 정부가 구성원 모두에게, 소득이나 재산의 많고 적음을 따지지 않고, 또 다른 조건을 내걸지도 않고, 정기적으로, 한 사람 한 사람 개별적으로, 지급하는 현금을 말합니다."

아이들은 이제 좀 알겠다는 표정을 지었다. 그렇지만 여전히 기본소득으로 자기들이 고민하는 문제를 어떻게 풀어야 하는지 감이 오지 않았다.

그런데 지소유는 달랐다. 뭔가 알겠다는 표정을 지으며 소유가 당차게 입을 열었다.

"아, 말씀을 듣고 보니 기본소득을 통해 제가 의문을 가졌던 극심한 불평등 문제를 누그러트릴 수 있겠네요. 공유부를 많이 이용해서 큰돈을 번 부자들한테서 그 이용 대가를 거둬들인 다음 모두에게 기본소득으로 나눠 주자는 말씀이지요? 그러면 꼭대기는 소득이 줄어들고, 대다수는 소득이 높아지니 불평등이 완화되겠네요. 물론 구체적으로 어떻게 해야 할지는 아직 잘 모르겠지만요.

그런데 그 기본소득으로 다른 친구들이 제기하는 기후정의, 로봇으로 인한 일자리 문제, 가부장제에 따른 성차별 문제를 어떻게 해결할 수 있다는 거죠?"

"지소유 어린이 말이 정확합니다. 제가 설명을 쉽게 잘했나 봅니다. 하하하. 그리고 좋은 질문 고맙습니다. 그런데 제가 혼자 얘기해 봤자 재미도 없고, 어려운 얘기라 여러분들에게 큰 도움이 안 되겠네요."

침 튀겨 가며 열강하는 사이 아이들 시선이 자꾸 흩어지는 것을 눈치챈 토머스 페인은 긴 설명을 멈췄다.

"기본소득에 관한 이야기는 차차 여러분이 직접 겪으면서 깨닫게 되리라 생각합니다."

그때 벽면 커다란 화면에 알림이 떴다.

[각자가 가진 고민을 털어놓고, 공동의 해결 방안으로 '기본소득'을 찾아 퀘스트 완료! 합체를 통한 아이템 무한 복제와 새로운 기능 추가 가능]

조금 어려운 강의에 힘들었던 아이들은 보상 지급 소식에 얼굴이 환해졌다. 기후는 여러 가지 슬라임 아이템을, 본회퍼는 각양각색 물총 아이템을, 소유는 타자 중장비 모두 아이템을, 득남은 다양한 트램펄린 아이템을 꺼내 보이며 서로에게 자신이 가진 재주를 뽐내었다. 무한 복제가 가능해서 다른 친구들과 교환도 할 수 있었다. 사용법도 서로 가르쳐 줬다.

먼저 기후가 슬라임 다루는 법을 설명하자 이를 배운 본회퍼는 녹색 슬라임을 끌어당겨 커다란 원통을 만들고, 소유는 금색 슬라임을 골라 아주 큰 공을 만들었다. 득남은 파란색과 분홍색 슬라임을 섞어 무지개 모양 슬라임을 만들며 신나 했다.

"오, 다들 제법인데? 내가 더 멋진 걸 보여 줄게."

다양한 슬라임 세계를 보여 주고 싶었던 기후는 은빛 슬라임을 뽑아 무엇이든 담을 수 있는 봉지 모양을 만들고 슬라임 보관함에서 별 모양의 슬라임 조각을 꺼내어 봉지 여기저기에 박아 넣었다. 마치 천체 우주를 보는 듯했다. 친구들은 기후가 만든 슬라임에 감탄해 큰 박수를 보냈다.

이번엔 본회퍼가 나섰다. 아이들은 본회퍼가 나눠 준 연속 사격 기관총 물총, 전동 물총, 물풍선 물총, 배낭형 물총, 펌프식 물총 등을 받아들고 서로 신나게 물총을 쏘며 그동안 쌓인 스트레스를 날렸다. 본회퍼가 자신이 호랑이 똥구멍을 겨냥해 정확히 발사해서 물리친 무용담을 들려주자 모두 거짓말하지 말라며 배꼽을 잡고 웃었다. 본회퍼는 거짓말이 아니라며 상어 전동 물총을 잡고는 멀찌감치 뒷짐을 지고 서 있는 토머스 페인 할아버지 똥구멍을 향해 정확히 물총을 쐈다. 할아버지가 화들짝 놀라는 모습에 아이들은 "와!" 탄성을 질렀다.

연이어 본회퍼는 소유, 득남, 기후 똥구멍을 겨냥해 물줄기를 내뿜었다. 방심하고 있다가 얼떨결에 엉덩이를 공격당한

아이들은 물총을 들고 본회퍼를 공격했다. 하지만 본회퍼는 아이들 합동 공격에도 당황하지 않고 물줄기를 재빨리 피하며 때로는 아이들 콧구멍을 공격하기도 하고, 목 부위를 싸서 간지럽게 하는 등 기막힌 전략으로 역공을 가했다. 아이들은 본회퍼 실력을 인정할 수밖에 없었다.

본회퍼는 친구들에게 각 물총의 특징과 사용법 그리고 어떻게 상대를 효과적으로 공략할 수 있는지, 팀 플레이할 때 필요한 대형은 무엇인지 상황별 물총 조작법을 신나게 알려 줬다. 그러고는 친구들 각자 신체 조건에 가장 알맞은 물총을 추천해 줬다.

다음으로 소유가 내놓은 타자버스, 타자맥스, 타자포코, 타자빌리, 타자크리스는 아이들에게 최고 인기였다. 어렸을 때부터 워낙 좋아했던 타자 시리즈라서 친숙했다. 하지만 막상 운전하려니 제대로 되지 않았다. 포클레인, 불도저, 트럭, 레미콘 등이 다 작동법도 달라서 헤매었다. 소유는 불도저로 땅을 밀어서 평평하게 만들고, 포클레인으로는 흙을 퍼 올려 트럭에 실어 멀리 버렸다. 또 레미콘을 이용해 콘크리트를 부어 굳히는 양생 기술을 선보였다. 그러고는 친구들에게 운전법을 하나하나 알려 줬다. 아이들은 평소 꿈꿨던 운전이라 신나게 배울 수 있었다.

이제 아이들에게는 '방방이'로 더 친숙한 트램펄린을 갖고 놀 차례다. 아이들은 펼쳐진 트램펄린에서 그냥 뛰기만 하면 되는 줄 알았다. 그런데 득남이가 그 위에서 플립, 백플립 등 다양한 묘기를 선보이자 환호했다. 득남이는 아이들에게 기본자세부터 차근차근 트램펄린을 알려 줬다. 하늘 높이 치솟으며 아이들 기분도 최고조에 이르렀다.

아이들이 협력해서 신나게 노는 모습을 보는 토머스 페인 할아버지 온 얼굴에 미소가 가득 찼다. 그렇게 서로 아이템을 공유하며 신나게 논 아이들은 다시 자리에 모였다.

주변이 조용해지자 득남이가 용기를 내어 모두가 궁금해했던 한 가지를 물어보기로 했다. 이곳에 왔을 때부터 궁금했던 바로 그것!

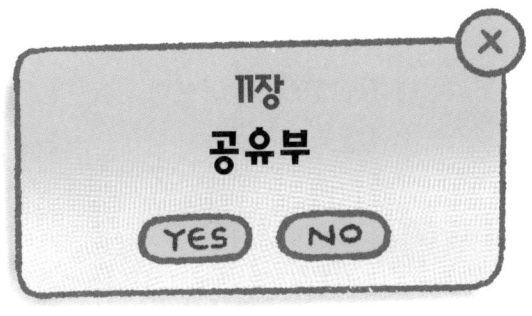

공유부 찾기 1

득남은 아무도 앉지 않은 의자를 가리키며 토머스 페인 할아버지에게 물었다.

"그런데 왜 저 한 자리는 비어 있지요? 그리고 우리가 처음 여기 왔을 때 벽 화면에 '용감한 다섯 친구를 환영합니다.'라고 써 있었는데, 우리는 넷이잖아요. 그러면 한 명이 더 온다는 뜻인가요?"

"오, 맞습니다. 정확합니다. 여러분들이 즐겨 읽던 옛이야기 『용감한 다섯 친구』처럼 여러분 네 명과 또 한 친구가 모여야 여러분은 완전체가 되어 문제를 해결할 수 있답니다. 여러분 네 명만으로는 소용이 없답니다. 마치 단팥 없는 찐빵, 시계

침 없는 시계, 고무줄 빠진 팬티라고나 할까요?"

아이들은 그 말에 자존심이 꽉 상했다. 은근히 부아가 치밀었다.

"단팥 없는 찐빵도 달콤한 시럽 찍어 먹으면 맛있거든요."

"맞아요. 요즘 그리고 누가 침 있는 시계를 써요? 스마트폰에 디지털 숫자로 다 시간이 표시되는데."

"그리고 제 팬티는 고무줄 없는 특수 원단 팬티라서 고무줄 없어도 흘러내리지 않고 잘 입는단 말이에요."

기후는 당장이라도 자기 팬티를 보여 줄 것처럼 바지를 내리려고 해서 본회퍼가 겨우 말렸다. 기후의 돌발행동에 토머스 페인도 아이들도 모두 당황했다.

"하하하. 미안합니다. 제가 여러분을 무시하려고 한 것은 아니니 오해 말기를 바랍니다. 물론 여러분 넷이 모여 기본소득을 이룬다면 그 자체로도 훌륭합니다. 하지만 여러분이 힘을 쓰려면 기본소득이 성립할 수 있는 밑바탕이 되는 한 가지가 꼭 필요하답니다. 아무래도 이 친구가 여기를 못 찾고 있는 것 같으니 우리가 직접 찾아야 하지 않을까 싶네요."

"네? 우리가 직접 찾는다고요? 아무런 정보도 없이 어떻게 찾아요? 이름도 모르고, 어디 사는지도 모르고."

본회퍼가 투덜거렸다.

"하하하, 걱정하지 말아요. 제가 힌트를 줄 테니. 여러분이 힘을 모으면 얼마든지 그 친구를 쉽게 찾을 수 있을 거예요. 아까 제가 마지막으로 쓴 책에서 주장한 내용 기억하나요?"

"모두의 것인 공유부에서 얻은 이득을 모두에게 기본소득으로 다시 돌려주어야 한다고 하셨어요."

소유가 말했다.

"맞아요. 우리 인류 모두의 것에는 어떤 것들이 있을까요? 한 개인에게 속할 수 없는 것, 주인을 알 수 없는 것, 모두가 주인인 것 말이에요?"

"아까 말씀하신 토지, 땅이 모두의 것 아닐까요?"

기후가 말했다.

"공기, 물, 햇빛 같은 것도 다 주인이 따로 없을 것 같은데요."

득남이가 기후의 말을 이어받았다. 토머스 페인은 꽤 흡족해했다.

"우주도 따로 주인이 없지 않나요? 해와 달, 행성, 별 등 말이에요."

본회퍼도 질세라 가세했다.

"여러분 말이 모두 맞습니다. 사실 그것 말고도 석탄, 석유, 광물과 같은 자원도 원래는 모두의 것이지요. 그뿐 아니라 우리가 쓰고 있는 언어, 제도, 문화, 법률 등도 사실 우리 인류가

함께 만들어 낸 것이기 때문에 어느 누구 개인의 것이 아닌 우리 모두의 것이랍니다."

"그러면 요즘 AI나 알고리즘의 바탕이 되는 빅데이터도 모두의 것 아닌가요? 인터넷과 스마트폰 사용자들이 함께 만들기도 했고, 그 정보가 모인 것이니까요."

본회퍼가 이야기를 보탰다. 그러고 보니 우리 모두의 것이 엄청 많다는 것을 아이들은 새롭게 알게 되었다.

"그런데 우리 모두의 것이랑 아직 안 온 친구랑 무슨 상관인가요?"

기후가 물었다.

"아, 맞습니다. 내가 친구 이름 힌트를 준다고 해 놓고… 바로 지금 여러분이 말한 것처럼 한 개인의 것이 아닌 우리 모두의 것을 일컫는 말이 지금 빈 자리의 주인공이랍니다. 그 이름은 바로 '공유부'이지요. 사실 아까부터 우리는 여러 차례 '공유부' 이야기를 나눴지요. 우리 다 같이 공유부를 찾아 초청할까요?"

성은 공, 이름은 유부. 아이들은 그 친구 이름 역시 자기들 이름 못지않게 평범하지 않다는 것을 알고 키득거렸다. 그러고는 공유부가 있을 만한 곳을 찾아 초대장을 날렸다.

공유부 찾기 2

"아줌마, 나 숙제한 것 좀 보여 줘."

"내가 왜 아줌마야. 초딩 애한테 아줌마라니, 아줌마라고 부르지 말라고!"

"야, 유부녀가 아줌마지, 그러면 아가씨야? 아, 유부녀가 아니라 유부남인가? 그러면 아저씨로 불러 줄까?"

"뭐라고, 이게 이제는 내 성별까지 바꾸려고 하네. 아저씨도 아줌마도 다 아니라고! 나 유부녀 아니라니까! 내가 왜 유부녀야?"

"네 이름이 공유부니까, 유부녀지. 왜, 유부녀 싫어? 그러면 유부초밥으로 불러 줄까? ㅎㅎㅎ."

유치한 꼬맹이들 같으니. 내 이름으로 아줌마, 유부녀, 유부초밥이라고 놀리는 녀석들은 진짜 꼴 보기 싫다. 왜 하필 이름이 공유부여서 이런 놀림을 당해야 하는지 부모님이 원망스럽다.

우리 부모님은 처녀, 총각 때부터 기본소득지구네트워크[32] 열성 회원이었다. 기본소득지구네트워크는 해마다 여름에 회원국을 돌면서 학술대회를 개최한다. 한국에서 열린 대회에서 아빠와 엄마는 처음 만나 기본소득을 주제로 토론하다가 사랑에 빠졌고, 그 덕분에 내가 태어났다.

아빠의 고향은 아프리카 중동부에 있는 말라위이다. 세계에서 가장 가난한 나라다. 1인당 GDP가 500달러 수준으로, 한국이 3만 달러를 넘었으니 경제 수준이 한국의 1/60밖에 되지 않는다. 말라위는 과거 영국의 식민지였고, 특별히 자원도 없어 오로지 농사에 의존하는 나라다. 그런데 극심한 가뭄과 홍수 등 자연재해로 흉년이 드는 경우가 많아서 굶주림에 시달리는 사람들이 쥐까지 잡아먹어야 하는 등 어려움이 크다고 한다.

아빠는 이런 조국 말라위의 현실을 안타깝게 여겨서 'A Dollar a Day in Malawi' 프로젝트를 진행했다. 하루에 1달러씩 한 달이면 30달러, 우리나라 돈으로 약 3~4만 원에 불과하지만, 이 돈이 말라위 주민들의 삶을 어떻게 변화시켰는지 연구해 발표하였다. 이 발표에 감동한 엄마는 한국의 기본소득 활동가로 그 프로젝트를 지원하기 위한 캠페인을 조직했다고 한다.

그러니 난 태어날 때부터 기본소득과 관련 있는 존재였다. 엄마, 아빠는 기본소득이 가능해지려면 공유부를 바탕으로 해야 하는데 엄마 성이 '공'씨인 점을 이용해서 내 이름은 자연스럽게 '공유부'가 되었다.

딸 이름까지 기본소득 캠페인에 활용하는 엄마, 아빠의 기본소득에 대한 신념을 존경해야 하는 걸까? 딸이 '유부남, 유부녀, 유부초밥'으로 놀림당할 것을 예측하지 못했을까? 이렇게 놀림당할 이름을 지은 엄마와 아빠의 자식에 대한 사랑 없음을 비난해야 하는 것인지 잘 모르겠다. 어찌 되었든 지금은 내 이름이 너무너무 싫다. 심지어 난 유부초밥도 절대 안 먹을 정도다.

그래도 오늘은 괜찮다. 그 까닭은 바로 VR 기기 활용 수업이 있는 날이니까. 우리 학교는 4차산업혁명 선도학교다. 그게 뭔지는 잘 모르겠지만 다른 학교들보다 먼저 전자칠판, 디지털교과서 등을 쓰기 시작했다. 요즘은 VR 기기를 활용해서 공부한다. VR 세상은 참 신기하다. VR 헤드셋을 착용하자 여러 초대장이 쏟아졌다.

게임 체인저 : 기본소득? 여긴 또 뭐 하는 곳이지? 나는 기본소득이라는 말이 반가웠다. 놀림 때문에 공유부라는 내 이름이 맘에 안 들기는 하지만, 엄마와 아빠가 청춘을 바쳐 주장해 온 기본소득 자체를 싫어하는 건 아니다. 엄마와 아빠 설명대로라면 나 역시 기본소득이 꼭 필요하다고 생각하니까. 나는 서둘러 초대에 응했다.

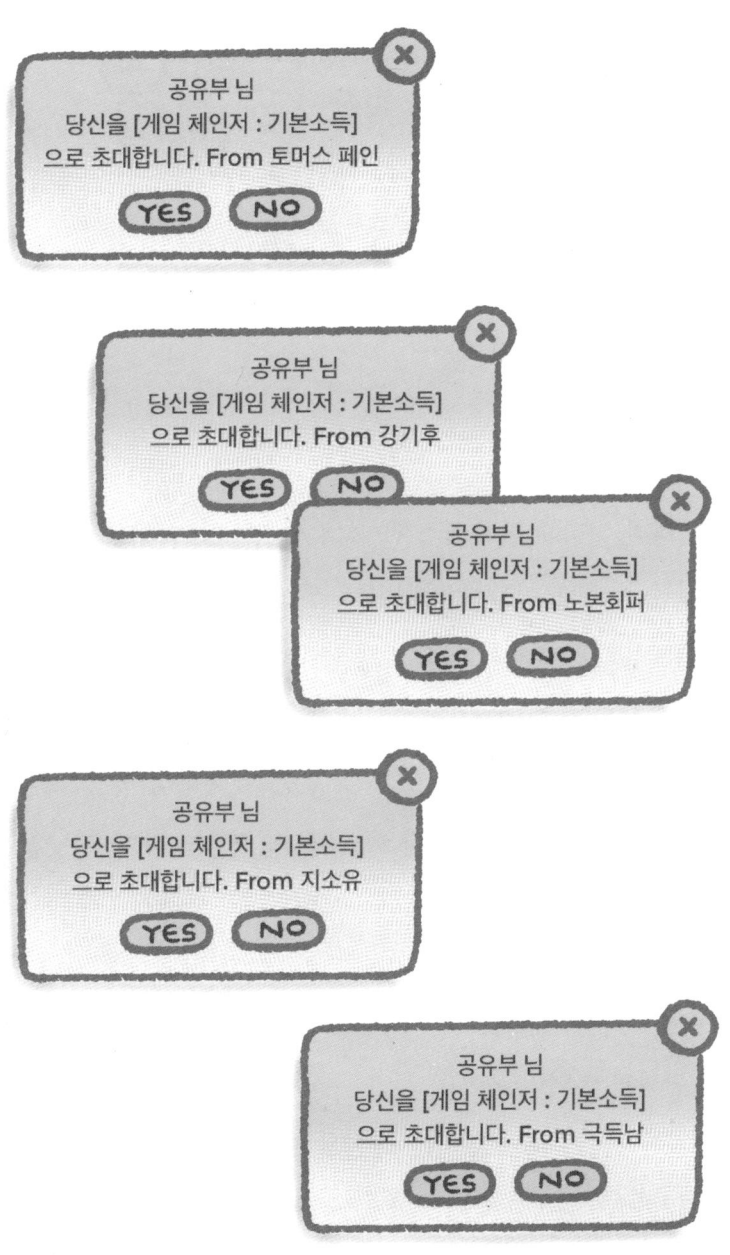

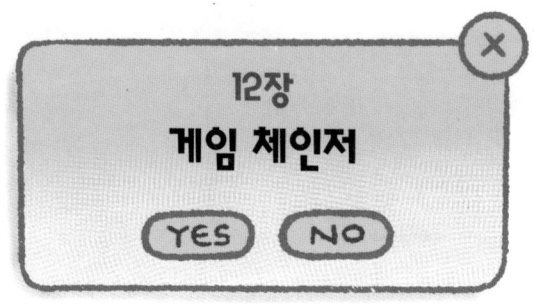

12장
게임 체인저

커다란 원탁에 할아버지 한 분과 아이 넷이 앉아 있었다. 공유부는 아마도 이들이 자기에게 초대장을 보낸 사람들이 아닐까 싶었다. 그래서 공유부는 할아버지와 아이들에게 먼저 공손하게 인사를 건넸다.

"안녕하세요. 여러분의 초대를 받은 공유부입니다. 초대해 주셔서 기쁜 마음으로 오긴 했는데, 왜 저를 초대하셨는지 질문해도 될까요? 그리고 무엇보다 여러분은 누구세요?"

공유부는 할아버지 자리 앞에 놓인 전자 명패를 보았다. 공유부는 '꺅!' 하고 소리를 지르더니 마치 아이돌을 만난 것처럼 팔짝팔짝 뛰며 좋아했다.

"할아버지가 바로 토머스 페인이세요? 대박. 진짜 토머스 페인 맞아요? 초대장에도 토머스 페인이라고 해서 설마 했는데,

실물을 보니 맞네요. 사진으로만 뵀었는데 똑같으시네요. 우리 엄마, 아빠가 할아버지 진짜 팬이에요. 저 어렸을 때부터 할아버지 이야기 귀에 못이 박이도록 들었고, 얼마 전에는 할아버지 위인전도 읽었어요. 직접 만나 뵙다니 정말 영광이에요."

기후와 본회퍼, 소유, 득남이는 토머스 페인 할아버지를 알고 있는 공유부가 무척 신기했다. 다시금 토머스 페인 할아버지가 대단한 분이라는 사실이 실감 났다. 토머스 페인 할아버지는 공유부의 팬심 고백에 기분이 좋아져서 싱글벙글했다.

"음, 드디어 나를 아는 어린이를 만나게 되니 참 기쁘구나. 공유부가 역시 이름값을 하는구나!"

공유부는 이름값을 한다는 토머스 페인의 칭찬에 그동안 이름 때문에 놀림당해 생긴 한이 싹 풀렸다. 공유부는 친구들과 가벼운 인사를 나눴다. 그리고 초대장을 보낸 친구들과 서로 간단하게 소개했다.

"자, 드디어 용감한 다섯 친구가 다 모였구나. 용감한 다섯 친구가 세상으로 나아가 못된 호랑이도 물리치고, 외적들로부터 나라를 구했듯이 이제 너희 다섯이 힘을 모아서 위기에 빠진 세상을 구해 보렴."

토머스 페인 할아버지 말에 공유부는 살짝 설렜다. 기본소득이라면 자신 있었다. 그에 반해 기후, 본회퍼, 소유, 득남 네 아이는 얼굴빛이 어두워졌다. 자신들처럼 권력도 없고, 힘도 없고, 무기도 없는 어린이들이 막강한 적들과 맞서 싸워서 위기에 빠진 지구를 구할 수 있을지 자신이 없었다.

겁먹은 아이들을 보고 토머스 페인이 말했다.

"사실 제가 수많은 어린이 가운데 여러분을 이 자리에 초대한 특별한 까닭이 있습니다. 여러분은 기후위기, 실업, 소득불평등, 성차별 같은 사회 문제를 자기 일처럼 걱정했습니다. 무척이나 해결책을 찾고 싶어 했지요. '그럼 어떡해?' 하는 그 외침 덕에 내가 여러분을 쉽게 찾을 수 있었어요. 이런 여러분은 재미있게도 모두 특이한 이름을 가지고 있습니다. 그동안 이름 때문에 놀림도 받고 당황스러운 일들도 여럿 겪었으리라 생각합니다."

아이들은 각자 자기 이름에 얽힌 사연을 떠올리며 고개를 끄덕였다. 토머스 페인이 부드럽게 이어 말했다.

"어쩌면 그런 시련이 다 우리를 이렇게 한자리에 모이게 하기 위해서였을지도 모릅니다. 여러분 이름 첫 글자를 모았더니 '기본소득'이 되었지요. 그런데 여러분 이번에는 '성'만을 모아서 단어를 만들어 볼까요?"

아이들은 자기 성을 모아서 단어를 만들어 보았다.

"강기후의 강, 노본회퍼의 노, 지소유의 지, 극득남의 극."

아까처럼 또 글자를 조합해서 스물네 개 단어를 만들었다. 그리고 하나하나 사자성어를 검색했다.

역시 딱 하나 뜻을 가진 한자 성어가 나왔다.

"강노지극."

공유부가 검색을 통해 찾은 뜻을 크게 읽기 시작했다.

"강노지극은 '힘찬 활에서 튕겨 나온 화살도 마지막에는 힘이 떨어져 부드러운 비단조차 뚫지 못한다.'라는 뜻입니다. 아무리 강한 힘도 마지막에는 결국 쇠퇴하고 만다는 의미이지요."

토머스 페인 할아버지가 이야기를 이어받았다.

"맞습니다. 제가 여러분들에게 하고 싶은 말입니다. 막강한 대영제국 권세도 결국은 쇠퇴하고 말았습니다. 지금은 초강대국 미국이, 자본주의가 맹위를 떨치고 있어서 그 어떤 노력도 소용없어 보이지만 전혀 그렇지 않습니다. 강노지극이란 말처럼 모든 것은 다 쇠퇴하게 되어 있습니다."

공유부와 네 아이는 할아버지 말을 계속 경청했다.

"그렇다면 지금까지의 상황을 완전히 바꿔 놓을 아이디어 곧 '게임 체인저'가 필요하지 않을까요?"

토머스 페인 할아버지가 힘주어 묻는 말에 공유부가 되물었다.

"게임 체인저요? 게임의 판도를 완전히 바꾸는 사람 말씀하시는 건가요?"

"그래요, 게임 체인저는 일의 결과나 흐름을 뒤바꿔 놓을 만한 중요한 역할을 한 인물이나 사건을 뜻해요. 한마디로 지는 게임을 이기는 게임으로 바꿔 줄 사람, 또는 그런 혁신적인 아이디어를 말하지요. 여러분이 걱정하는 모든 문제를 뒤집고 새로운 사회를 꿈꾸게 도와줄 게임 체인저를 찾아야 해요. 다음 시대 '상식'이 될 것을 찾아야 하지요. 앞으로 게임 체인저이자 상식이 될 것은 바로 공유부를 바탕으로 한 기본소득입니다."

다섯 아이가 서로를 쳐다보았다. 토마스 페인 할아버지는 아이들을 격려했다.

"무엇을 망설이십니까? 이제 마음을 모아 전 지구가 처한 문제 해결을 위해 나설 때입니다. 서로를 믿고 하나가 되십시오. 우리가 문제라고 생각하는 사회 문제는 꼭 유명인이나 힘 있는 사람만 해결할 수 있는 게 아닙니다. 용감한 다섯 친구 여러분 어깨에 전 지구 운명이 걸려 있습니다. 여러분은 할 수 있습니다. 자, 다 같이 외쳐 보세요! 게임 체인저 : 기본소득!"

신념에 가득 찬 토머스 페인의 열정적인 연설에 다섯 친구는 가슴이 벅차올랐다. 다섯 친구도 함께 큰 소리로 외쳤다.

"게임 체인저 : 기본소득!"

그때 친구들에게 새로운 미션이 도착했다.

퀘스트 : 자신이 가진 아이템을 사용해서 대결에서 승리하세요!

보상 : '용감한 다섯 친구' 명예의 전당에 등록

용기를 얻은 아이들에게 남은 것은 실천뿐이었다. 먼저 공유부가 90도로 상체를 숙이며 외쳤다.

"공유부를 바탕으로 한!"

그 등 위에 네 친구가 손을 뻗으며 연속해서 각자 외쳤다.

"기후의 기!"

"본회퍼의 본!"

"소유의 소!"

"득남의 득!"

공유부의 등에 네 어린이 손이 모두 포개졌다. 그들은 한목소리로 다 함께 외쳤다.

"공유부를 바탕으로 한 기본소득!"

천둥이 쾅쾅 치고, 번개가 번쩍거렸다. 커다란 소용돌이가 아이들을 하늘로 끌어 올렸다. 다섯 아이는 모두 둥글게 손을 잡았다. 빙글빙글 힘차게 돌더니 갑자기 펑 하는 소리와 함께 세상이 고요해졌다. 다섯 용사로 변신한 아이들의 불끈 쥔 주먹, 활짝 편 어깨, 꽉 다문 입술에서 지구를 구하겠다는 결기가 느껴졌다.

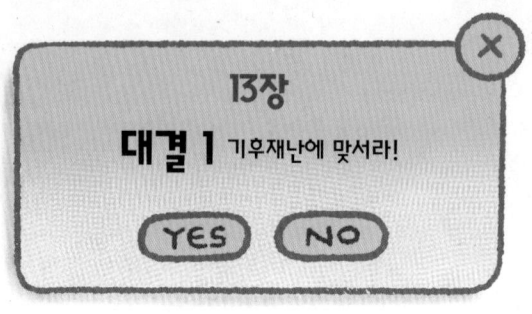

그때 시커먼 어둠이 순식간에 온 세상을 검게 물들였다. 음산한 쳇소리가 기분 나쁘게 퍼졌다.

"조그만 꼬맹이들 모아서 뭘 어쩌려고? 기본소득 그것 가지고 될 것 같아? 어디 한번 해 보든가? 하하하."

조롱 가득한 비웃음과 함께 중국에서 미세먼지 폭탄, 석탄발전 폭탄이 만들어졌다. 일본에서 방사능 오염수 폭탄이, 한국에서 원자력발전 폭탄이, 미국에서 자동차 배기가스 폭탄과 소 트림 방귀 폭탄이 만들어졌다. 전 세계 경제 대국에서 엄청난 플라스틱 폭탄, 해양쓰레기 폭탄이 쉴 새 없이 만들어졌다.

이내 그 폭탄들은 지구 온난화 폭탄, 이상기후 폭탄, 가뭄 폭탄, 폭염 폭탄, 폭설 폭탄이 되어 지구촌 곳곳에 쏟아졌다. 엄청나게 쏟아지는 폭탄으로 지구촌 곳곳이 신음했다. 지옥이 따로 없었다. 킹타이드가 또 키리바시 섬을 덮쳐 어린이들을 집어삼켰다. 끔찍한 광경을 그대로 보고 있을 수만은 없었다. 아이들은 서둘러서 외쳤다.

"공유부를 바탕으로 한 기본소득!"

그러자 곧바로 유부가 앞으로 나섰다. 공유부를 이용한 대가로 거둬들인 '탄소세'와 '핵발전위험세'를 기후에게 넘겨주며 말했다.

"기후야! 탄소세는 지구 온난화를 막기 위해, 탄소를 배출하는 모든 곳에 부과하는 세금이야. 온실가스를 많이 배출하는 발전소나 철강, 석유화학, 시멘트, 정유 업계 기업들이 번 돈의 일부를 세금으로 내게 하는 제도지. 숲을 파괴해 탄소 흡수를 막고 막대한 메탄을 내뿜는 축산업계 역시 탄소세 부과 대상이야."

"유부야, 고마워. 그런데 핵발전위험세는 뭐야?"

"원전 사고가 한번 벌어지면 상상할 수 없는 막대한 피해를 볼 수 있어. 또 각종 방사성 폐기물을 처리하려면 엄청난 비용이 들잖아. 핵발전위험세는 이런 원전 사고 위험을 대비한 비용과 원자력발전 과정에서 나오는 각종 방사성 폐기물 처리 비용 그리고 수명이 다한 원자력발전소 해체 비용을 마련하기 위해 원자력발전에 부과하는 세금이야. 우선 저 폭탄들을 막아야 하니까 나머지 설명은 뒤에 할게. 부탁해!"

"좋아, 우리에게 맡겨!"

기후는 슬라임 아이템을 꺼내서 탄소세와 섞기 시작했다. 친구들도 기후를 도와 핵발전위험세와 슬라임을 섞었다. 이렇게 만든 탄소세 슬라임을 석탄발전 폭탄, 미세먼지 폭탄, 해양쓰레기 폭탄, 플라스틱 폭탄, 자동차 배기가스 폭탄 등을 향해 힘껏 던졌다.

핵발전위험세 슬라임으로는 원자력발전 폭탄, 방사능 오염수 폭탄이 터지지 않도록 꼭꼭 감쌌다. 하지만 각종 폭탄은 강력했고, 너무 많아서 기후 혼자서 다 막기에는 한계가 있었다.

그때 소유가 타자크리스 레미콘 아이템을 꺼냈다. 슬라임과 탄소세를 한꺼번에 빠른 속도로 섞기 시작했다. 또 다른 타자크리스 레미콘으로는 핵발전위험세와 슬라임을 섞었다. 레미콘에서 쏟아져 나온 탄소세 슬라임과 핵발전위험세 슬라임을 본회퍼가 물총 아이템에 담아 재빠르게 각종 폭탄을 향해 발사했다.

탄소세 슬라임이 폭탄들을 꽁꽁 감쌌다. 핵발전위험세 슬라임 봉지 속에 폭탄을 집어넣었다. 폭탄들은 슬라임에서 빠져나오려고 발버둥을 쳤지만 끈적끈적한 슬라임은 딱 달라붙어 폭탄을 놓치지 않았다. 성질 급한 폭탄들이 슬라임 봉지 안에서 터졌지만, 슬라임은 신축성이 좋아 확 커졌다가 금세 다시 줄어들어 사람들에게 주는 피해를 최소화했다.

생산 과정에서 탄소를 배출하는 모든 제품에 탄소세를 부과하자 기업들은 두 부류로 나뉘었다. 몇몇 기업들은 생태계가 파괴되면 결국 기업도 망하게 된다는 사실에 공감하여 성실하게 탄소세를 냈다. 한편 몇몇 기업들은 이를 부득부득 갈아 반대했다.

"세금만큼 물건값을 올려!"

이들은 물건값을 올려 탄소세 부담을 소비자들에게 떠넘겼다. 그러자 소비자들은 비싸진 물건에 대해 불매 운동으로 맞섰다.

"소비자에게 탄소세 떠넘기는 기후 악당 기업 불매하자!"

기업들은 할 수 없이 탄소를 배출하지 않는 방법에 대한 투자를 늘리기 시작했다.

휘발유, 경유, 석탄 등 탄소를 배출하는 화석연료에도 탄소세를 부과하자 에너지값이 급격히 올랐다. 그러자 시민들은 높아진 기름값 때문에 개인 자동차보다 대중교통을 더 이용하기 시작했다. 전기요금을 감당하기 어려워지자 전기를 펑펑 쓰던 습관을 고쳐 절전 습관을 키워 갔다. 소비자들은 탄소세 부담으로 물건값이 오르자 과소비를 점차 줄여 나갔다.

또 핵발전위험세 부과로 원자력발전 비용이 커지자 위험하고 값비싼 원자력발전을 중지해야 한다는 목소리가 높아졌다. 이전까지 원자력발전을 옹호해 온 사람들은 태양광발전과 해상풍력발전보다 원자력발전이 싸다며 위험을 감수해야 한다고 주장해 왔다. 그런데 방사능 폐기 비용, 원전 해체 비용까지 계산하고, 원전 사고 위험 부담까지 세금으로 징수하자 '핵폐기물이 나와도 어쩔 수 없이 원자력을 써야 한다.'라고 말하던 사람들이 꼬리를 내렸다. 결국 원전과 화력발전소를 축소하거나 폐기하고 대신 탄소나 방사성 폐기물을 배출하지 않는 태양광발전, 해상풍력발전을 빠르게 늘려 나갔다.

재생에너지로 전환하는 것에 그치지 않고 에너지 사용량 자체를 줄여야 한다는 목소리와 지역 에너지 자립도를 높여야 한다는 목소리도 커졌다. 대규모 발전소를 만드느라 산을 깎고, 농지를 없애 온 방식 대신 지붕이나 건물 벽에 태양광을 설치해 자기 지역과 마을에서 쓸 전기를 직접 생산하는 방식으로 전환했다.

그동안은 멀리 떨어진 발전소에서 도시로 수십만 킬로와트 전력을 보내기 위해서 송전탑(고압선 철탑)을 설치해야 했다. 그 바람에 산을 깎아 송전탑을 세워야 했고, 고압선이 지나는 동네는 막대한 전자파가 주민들 건강을 해쳐 불안에 떨어야 했다. 하지만 이제 소규모 에너지협동조합을 만들어 필요한 재생에너지를 자체적으로 발전했다. 그래서 인간뿐 아니라 생태계에 부담을 덜 주게 되었다.

다섯 용사는 순조롭게 폭탄들을 제거할 수 있어서 다행이라고 생각했다. 그러나 한편 기후는 고민이 됐다. 프랑스 노란 조끼 시위에서 본 것처럼 세금을 매겨 물가가 오르면 서민들이 살기 힘들어질 테니 말이다.

기후의 걱정은 곧 현실이 되었다. 방심하는 사이 에너지 요금 폭탄, 물가 폭탄이 팡팡 터져서 시민들에게 큰 상처를 주었다. 갑자기 오른 물건값, 전기요금 등 때문에 가난한 서민과 빈민들이 큰 고통에 빠졌다. 여기저기서 못 살겠다는 아우성이 쏟아졌다.

기후는 다급하게 유부를 쳐다보며 물었다.

"유부야, 이제 어떡하지?"

유부는 망설임 없이 외쳤다.

"우리의 게임 체인저 기본소득이 나서야 할 때야! 탄소세와 핵발전위험세를 부과해 거둬들인 돈으로 기본소득을 나눠 주자!"

다섯 용사 손길이 더 빨라졌다. 서둘러 기본소득 슬라임을 만지기 시작했다. 지구 온난화 주범 탄소를 많이 배출하는 기업들로부터 거둬들인 탄소세를 모든 시민에게 똑같이 나눠서 생태배당 기본소득 슬라임으로 만들어 쏴 주기 시작했다. 그제야 전기요금이 올라서 난방은커녕 물을 데우기도 힘들다고 하소연하던 쪽방촌 할아버지도 월 10만 원씩 받는 생태배당 기본소득 덕분에 최소한 추위에 떨지 않게 되었다.

치솟는 물가와 에너지 요금 때문에 힘들어하던 가난한 사람들이 전에 없던 생태배당 기본소득을 받게 되니 오히려 이전보다 생활에 숨통이 트이는 반전이 일어났다. 중산층 이상 부자들은 생태배당 기본소득보다 탄소세를 더 많이 내야 해서 예전보다 에너지 소비를 많이 줄였다.

여기서 그치지 않고 시민들은 공공교통 정책 확대를 적극적으로 요구하기 시작했다. 자동차를 타지 않으려 해도 버스, 지하철 등 대중교통이 원활하지 못하면 실천할 수 없기 때문이다. 또 공장식 축산을 없애기 위해서는 고기 소비를 줄여야 한다는 사실을 깨닫고 채식주의를 실천하는 사람들도 점차 늘었다. 덕분에 탄소 배출량이 줄어들고 온난화도 주춤했다. 폭염과 폭설 등 이상기후도 점차 개선되기 시작했다.

탄소세, 핵발전위험세, 생태배당 기본소득 슬라임 덕분에 기후재난 폭탄을 막을 수 있었다. 특히 강기후 얼굴에 웃음꽃이 활짝 피었다. 기후는 함께해 준 친구들과 하이파이브를 하며 외쳤다.

"그럼 어떡해?"

다섯 용사는 한목소리로 대답했다.

"공유부를 바탕으로 한 기본소득으로 해결하지!"

검은 먹구름이 물러나고 다시 찾은 푸른 하늘 끝까지 다섯 용사 웃음소리가 메아리쳤다. 시민들도 기후재난 걱정에서 벗어나 다섯 용사에게 뜨거운 박수를 보냈다.

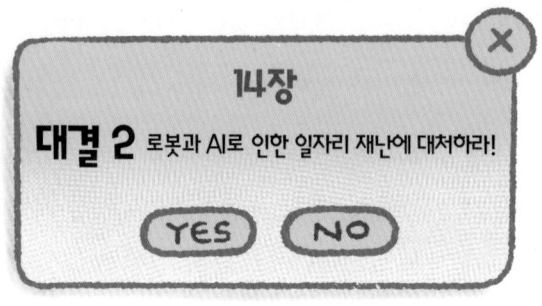

하지만 아이들 웃음은 오래가지 못했다. 한숨 돌릴 틈도 없이 또 다른 공격이 시작되었기 때문이다.

여기저기서 순식간에 수많은 로봇이 쏟아져 나왔다. 그들은 공장에서 노동자를, 가게에서 직원들을, 가정에서 가사도우미를 내쫓기 시작했다. AI들도 나서서 화물차와 택시에서 운전기사를, 콜센터에서 상담직원을 거리로 내몰았다. 하루아침에 직장을 잃은 사람들은 망연자실했다. 앞으로 먹고살 길이 막막했다. 그 반대로 소수의 로봇 기업, AI 회사 소유주들은 쏟아지는 돈벼락에 득의양양했다.

노본회퍼가 외쳤다.

"서둘러! 일자리는 가족들 생명줄이야. 가족들 목숨이 위험해."

노본회퍼의 걱정은 정말 현실이 되었다. 실직으로 힘들어하던 사람 중에는 얼마 있지 않아 실업급여가 끊기자 당장 아이들 교육비도 못 내고, 관리비와 전기요금 등 각종 요금이 연체되었다. 그러고는 빚 독촉에 시달리다가 마침내 자살이라는 극단적인 선택을 했다는 우울한 소식들이 들려왔다. 기존 복지정책으로는 넘쳐나는 실업자를 감당할 수 없었다.

특히 신자유주의 이후 늘어난 프레카리아트[33]는 비정규직 임시 노동자로 늘 고용 불안, 저임금에 시달리다가 로봇 공세로 직격탄을 맞아 쓰러졌다. 방과 후 학교 강사, 학습지 방문 강사, 보험설계사, 택배기사, 골프장 캐디, 화물차주 등 특수고용직은 노동자처럼 일하지만, 계약 형태가 사장이라는 까닭으로 원래도 제대로 보호받지 못한 상황이었기 때문에 더 쉽게 무너져 내렸다. 가난을 증명하는 것이 너무 창피해서 숨어 버리는 사람들은 복지 사각지대에 빠져 사회의 도움을 아예 받을 수도 없었다.

공유부가 왼 무릎을 꿇고 두 팔을 들어 삼각형 모양을 만들며 외쳤다.

"공유부를 바탕으로!"

기후, 본회퍼, 소유, 득남은 얼른 공유부를 중심으로 동서남북에 위치를 잡고 주먹을 뻗으며 기합을 넣듯 힘차게 말했다.

"기후의 기!"

"본회퍼의 본!"

"소유의 소!"

"득남의 득!"

삼각형 위에 십자가가 만들어지는 순간 다섯 용사는 한마음이 되어 쩌렁쩌렁 고함쳤다.

"공유부를 바탕으로 한 기본소득!"

그러자 유부는 이번에는 공유부를 이용한 대가로 거둬들인 '로봇세'와 '빅데이터세'를 꺼내 본회퍼에게 넘겨주며 말했다.

"본회퍼, 사람들이 노동을 통해 얻은 소득에 소득세를 내듯이, 사람의 노동을 대신하는 로봇을 통해 얻은 소득에도 로봇세를 거둬야 해!"

"그래, 알겠어. 그런데 빅데이터세는 왜 걷는 거야?"

본회퍼의 물음에 유부는 거침없이 답했다.

"빅데이터는 그냥 만들어지지 않아. 우리 모두의 데이터를 바탕으로 빅데이터가 만들어지고, 그걸 이용해서 이익을 얻었다면 빅데이터 공유부를 이용한 셈이니 빅데이터세를 내야지."

"아, 맞네. 맞아. 그럼 이제 싸워 볼까?"

다섯 용사는 얼른 노본회퍼가 준비한 물총 아이템을 잡았다. 본회퍼는 로봇세 물총을 들고 로봇을 향해 거침없이 나아갔다. 노동자를 내쫓느라 정신없는 로봇을 향해 굵은 로봇세 물줄기를 발사했다. 로봇은 당황해서 뒷걸음질 쳤다.

"어딜 도망쳐?"

뒤에서 기다리고 있던 소유가 로봇세 물총으로 로봇을 곧바로 쳤다. 여러 로봇이 한꺼번에 본회퍼와 소유를 향해 달려들었다. 물총을 빼앗으려는 순간 유부가 나타나 로봇세 물총으로 지원사격을 했다. 덕분에 포위망을 벗어난 본회퍼와 소유, 유부는 둥글게 서서 로봇을 향해 로봇세 물총의 강한 물줄기를 퍼부었다. 로봇들은 걸음아 날 살려라 도망치기 시작했다.

한편 기후와 득남이는 타자 맥스 덤프트럭을 타고 빅데이터 기업으로 돌진했다. 그리고 거대한 데이터센터를 향해 빅데이터세 물총을 사정없이 난사했다.

로봇과 AI 뒤편에 숨어 돈벼락을 즐기던 소유주들은 할 수 없이 로봇 세금과 빅데이터 세금을 내기 시작했다. 하지만 그들은 거세게 반발했다.

"기술 개발의 대가를 왜 세금으로 거둬들이는 거야? 이러면 누가 과학기술을 발전시키겠어? 누가 신기술에 투자하겠냐고? 투자해서 얻은 열매를 챙기는 것이 자본주의 사회에서 무슨 문제야? 너희 빨갱이야?"

소유주들이 거세게 항변하자 공유부가 먼저 나섰다.

"AI가 어떻게 작동하나요? 빅데이터를 활용해서 가능한 것 아닌가요? 빅데이터는 어떻게 만들어졌나요? 인터넷을 이용하는, 스마트폰을 사용하는 시민들 정보가 모여서 만들어진 것 아닌가요? 그렇다면 AI가 창출한 이익에는 분명 시민들 몫이 있지요. 빅데이터 자체가 공유부이니 그 공유부를 사용한 대가를 내는 것은 너무도 당연한 것 아닌가요?"

아이들은 공유부 말에 박수로 힘을 실었다. 지소유도 나서서 힘을 보탰다.

"당신들이 살던 곳에서 갑자기 쫓겨나게 되면 아무런 보상과 배상을 요구하지 않을 것인가요? 로봇들이 사람들 일자리를 빼앗았으니 노동자들이 당연히 보상과 배상을 요구하는 것이 무엇이 잘못되었나요?"

로봇과 AI 소유주들은 공유부와 지소유 말이 못마땅하면서도 딱히 반박을 못 해 입을 다물고 있었다. 노본회퍼가 설득을 이어 갔다.

"만약 대부분 사람이 시각장애인이라면 세상은 시각장애인들이 살기 편하게 설계되었을 것입니다. 밤에 환하게 조명을 밝힐 까닭도 없고, TV나 영화 등도 발명되지 않았겠지요. 그렇다면 비시각장애인들을 위해서 별도로 큰 비용을 들여 조명을 달고, TV나 영화를 만들어야 했겠지요. 하지만 실제 우리 사회는 비시각장애인이 더 많다는 까닭으로 시각장애인에겐 불편하게 설계되지 않았나요? 결국 이 세상은 다수가 편한 방식으로 설계되고, 작동하고 있습니다."

노본회퍼는 더 힘주어 말했다.

"그 바람에 소수가 고통받습니다. 자기 편해지자고 남을 불편하게 하는 것은 모두가 평등한 민주사회에서 절대 옳지 않습니다. 로봇을 만들어 편한 세상을 누리려면 로봇 때문에 불편한 사람들, 희생당한 사람들에 대한 대가를 내는 것이 정의롭습니다. 그것이 바로 로봇세를 징수하는 까닭입니다."

노본회퍼가 당차게 설명하자 로봇과 AI 소유주들은 꼬리를 내리고 막대한 이익 가운데 일부를 로봇세, 빅데이터세로 납부했다.

노본회퍼는 VR로 만났던 러다이트 운동가들을 떠올렸다. 그들을 만나기 전까지는 로봇이 노동자 일자리를 빼앗을 거라는 걱정에 로봇과 신기술 개발을 무조건 반대하고 로봇을 다 없애야 한다고 생각했었다. 그런데 러다이트 투쟁을 보면서 그것이 불가능함을, 오히려 사람들 삶을 더 어렵게 할 수 있음을 깨닫고 이러지도 저러지도 못하는 고민에 빠졌었다.

그런데 유부 덕분에 공유부로 막대한 이득을 얻은 기업들로

부터 로봇세와 빅데이터세를 거두어야 한다는 걸 깨달았고, 나아가 시민들에겐 기본소득을 주어 일자리 문제를 해결할 실마리를 찾게 됐다.

다섯 용사는 서둘러 로봇세 물총, 빅데이터세 물총 대신 기본소득 물총을 잡았다. 그러고는 비정규직 노동자, 실업자, 특수고용직 노동자를 포함하여 시민들을 향해 기본소득 물총을 시원하게 쐈다.

기본소득 물총을 맞은 시민들은 불볕더위로 달궈진 도시를 식혀 줄 시원한 소나기를 만난 듯 얼굴에 안도감이 스며들었다. 새로운 직장을 구하기 위해 재교육받는 데 기본소득을 사용했다. 이번 기회에 치열한 도시 노동자 삶을 접고 농촌으로 내려가 친환경 농사를 지으며 소박한 삶을 시작한 사람도 있었다. 그런 결심을 할 수 있게 기본소득이 버팀목이 되었.

도시에 남은 사람들도 달마다 꼬박꼬박 기본소득이 나오자 도서관 자원 활동도 하고, 취미 동아리를 조직해서 자아실현 시간을 늘려 나갔다. 기본소득 덕분에 일하는 시간을 줄일 수 있어서 가능했다. 로봇 때문에 일자리를 빼앗기기는 했지만, 로봇 덕분에 어렵고, 더럽고, 위험한 이른바 3D업종 일을 더 하지 않아도 되었다. 덕분에 산업재해로 목숨을 잃거나 다치는 일들이 많이 줄었다.

로봇세와 빅데이터세 징수에 반발하던 소유주들도 기본소득을 바탕으로 사람들이 필요한 물건을 사자 경제가 멈추지 않고 돌아가게 되어 안심하는 눈치였다. 사실 실업자가 넘쳐 나면서 돈이 없는 사람들이 소비를 멈추었고, 그로 인해 로봇이 생산한 물건은 공장에 그대로 쌓여 있었다. 자본가들은 경제가 파탄이 날 위기를 걱정했었다. 그런데 기본소득 덕분에 그런 걱정을 하지 않아도 되니 소유주들도 기본소득에 찬성하게 되었다.

노본회퍼 얼굴에 웃음꽃이 활짝 피었다. 노본회퍼가 쑥스러워하면서도 용사들에게 물었다.

"그럼 어떡해?"

용사들은 킥킥 웃음을 참으며 대답했다.

"공유부를 바탕으로 한 기본소득으로 해결하지!"

마침내 다섯 용사 웃음보가 터졌다. 또 큰 고비 하나를 함께 힘을 모아 넘겼다는 자부심으로 가슴이 벅찼다.

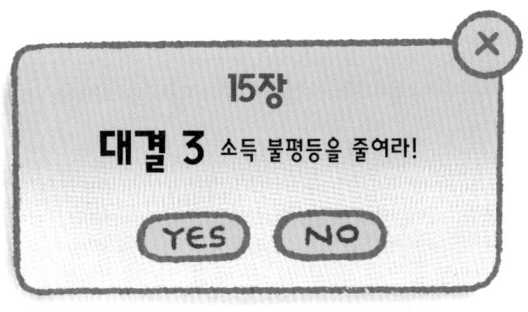

"삐-익, 삐-익, 삐-익"

긴급재난 문자 알람 소리가 귀청을 찢을 듯이 울렸다. 그러더니 갑자기 땅이 솟구쳐 오르더니 거대한 자산 불평등 산과 소득 불평등 산이 아이들 앞을 가로막았다. 아이들은 눈앞에 놓인 거대한 산을 보는 순간 가슴이 꽉 막혔다. 처음에는 산만 보였는데 그 안에 사람들 모습을 보니 그 기막힌 광경에 한숨이 절로 나왔다.

거대한 산 아래에는 하루 2달러(한화 약 2,500원)도 안 되는 돈으로 겨우 생명을 유지하는 16억 인구가 비참한 삶을 유지하고 있었다. 배가 고파서 흙을 파먹는 아이도 있었고, 마실 물이 없어서 오염된 물을 마셨다가 콜레라, 이질, 장티푸스에 걸려 고통받으면서도 약이 없어 제대로 치료받지 못하고 죽어

가는 아이들도 있었다. 학교에 가지도 못하고 오랜 시간 땡볕에서 돌을 깨는 일을 하다 실신하는 아이도 보였다. 그 비참함은 이루 말할 수 없었다.

반면 산꼭대기에는 플루토크라트[34]들 저택이 즐비했다. 아이들 놀이방이 딸린 개인용 제트기와 수영장 그리고 헬리콥터 두 대를 갖춘 126m짜리 슈퍼 요트도 있다. 그 요트는 연간 약 7천 톤가량 이산화탄소를 배출하는데 일반 승용차 1,500대가 내뿜는 배출량보다도 더 많은 양이다.

또한 플루토크라트는 미국인 1인당 GDP 수준 연봉 4만 달러의 무려 1만 배인 연간 4억 달러를 소비한다. 이는 하루 2달러 이하로 생활하는 절대빈곤층 50만 명이 1년 동안 쓸 수 있는 돈이다.

플루토크라트는 몇억짜리 슈퍼카를 아이들 몇천 원짜리 장난감 자동차 정도로 여겼다. 그들은 소유한 언론사를 통해 자신들에게 유리하게 여론을 통제했다. 그뿐만 아니라 정치인들에게 막대한 정치자금을 쏟아부어 국가정책을 좌지우지했다.

지소유를 비롯한 친구들은 그 호화로움과 사치에 입이 쩍 벌어졌다. 솔직히 부러운 마음이 앞섰다. 한편으로는 0.1% 또는 1% 부자들이 쏟아 내는 엄청난 쓰레기와 오염물질로 인한 피해를 고스란히 저 산 밑 가난한 사람들이 폭염이나 폭설로 고통을 당하는 현실에 분노했다.

그 산을 자세히 들여다보니 돈이 산 밑으로부터 산 위로 끝없이 올라가고 있었다. 결국 플루토크라트가 쌓은 엄청난 부는 수많은 사람이 피땀 흘려 일한 결과물이었다.

아이들은 그대로 보고 있을 수만은 없었다. 공유부가 얼른 가부좌를 틀고 중앙에 앉으며 "공유부를 바탕으로!" 하고 소리쳤다. 기후, 본회퍼, 소유, 득남이는 둥글게 서서 공유부 머리 위로 팔을 힘껏 뻗으며 카랑카랑한 목소리로 말했다.

"기후의 기!"

"본회퍼의 본!"

"소유의 소!"

"득남의 득!"

아이들 주먹이 공유부 머리 위에서 만나 피라미드 형상을 이뤘다.

유부는 지소유에게 공유부를 이용한 대가로 거둬들인 '토지보유세'와 '시민소득세'[35]를 알려 줬다.

"소유야, 지구는 원래 누구의 것도 아니야. 우리 모두의 것이지. 그런데 이 토지를 자기 소유로 독점적으로 사용한다면 당연히 토지보유세를 내야지."

"맞네. 모두의 것을 혼자 쓰려면 토지보유세를 내야지. 그런데 시민소득세는 왜 내야 하는 거지?"

지소유 물음에 유부는 또박또박 설명했다.

"우리가 돈을 버는 것도 사실 혼자 힘만으로는 불가능하잖아. 인류가 함께 만들어 온 지식을 이용하거나, 사회 인프라를 활용하거나, 누군가 소비해 주는 사람이 있으니 돈을 벌 수 있는 거잖아. 그 역시 공유부를 이용한 셈이니 번 돈의 일부를 시민소득세로 내는 것이 맞지."

"아, 그래. 혼자만 있다면 돈을 벌 수 없지. 서로의 도움으로 돈을 버는 것이니 시민소득세를 내야겠네. 자, 그럼 우리가 나서 볼까?"

지소유는 타자버스, 타자포코, 타자크리스, 타자빌리, 타자맥스 아이템을 피라미드 속으로 던졌다.

아이들이 다 함께 뜻을 모아 한목소리로 '공유부를 바탕으로 한 기본소득'을 말하자 타자버스, 타자포코, 타자크리스, 타자빌리, 타자맥스가 쑥쑥 엄청나게 커졌다. 강기후는 타자버스에, 노본회퍼는 타자포코 포클레인에, 지소유는 타자크리스 레미콘에 극득남은 타자빌리 불도저에, 공유부는 타자맥스 덤프트럭에 올라탔다.

노본회퍼가 탄 타자포코와 극득남이 탄 타자빌리는 불평등한 산꼭대기를 깎기 시작했다. 타자포코가 플루토크라트로부터 토지보유세를 거둬들이기 시작했다. 땅은 원래 모두의 것이니 땅을 많이 이용하고, 땅 덕분에 돈을 벌었으면 그중 일부는 모두의 몫으로 돌려줘야 한다며 타자포코는 부지런히 산꼭대기를 돌아다니며 토지보유세를 땅 부자들로부터 퍼 담았다.

타자빌리는 시민소득세로 산꼭대기를 밀고 다니기 시작했다. 사람들이 소득을 올릴 수 있었던 것은 제도, 법률, 지식, 문화 등 공유부를 이용한 것이니 그중 일부를 모두의 몫으로 내놓아야 한다. 타자맥스는 서둘러 그렇게 거둔 돈을 곳곳을 돌며 기본소득으로 나눠 주기 시작했다. 타자크리스는 가난한 사람들이 안정된 주거 공간을 가질 수 있도록 도왔다. 타자버스는 도저히 살 수 없는 곳에 사는 사람들을 살 만한 곳으로 부지런히 실어 날랐다.

산꼭대기는 조금 낮아지고, 산 밑에 살던 사람들은 조금 위로 올라왔다. 여전히 산 위와 밑이 차이가 있었지만 그래도 기본소득 덕분에 소득 불평등, 자산 불평등이 줄어들었다. 무엇보다 수억 명의 절대빈곤층이 기본소득을 바탕으로 최소한의 의식주를 보장받는 삶을 살게 되었다는 점이 다섯 용사는 뿌듯했다.

또 많은 사람이 '기본소득'이라는 여윳돈 덕분에 '목구멍이 포도청'이라서 어쩔 수 없이 했던 노동에 더 이상 매달리지 않아도 되었다. 대신 좀 여유를 갖고 자기 개성을 살려 하고 싶은 일을 찾아 나서서 행복감이 높아졌다.

지소유는 문득 기억 전달자 조너스가 생각났다. 소득 불평등이나 자산 불평등 때문에 생겨난 갖가지 문제를 해결하는 방식이 꼭 모두에게 똑같은 것을 요구하는 절대적 평등일 필요는 없다는 생각이 들었다. 공유부를 바탕으로 한 기본소득을 통해 소수가 지나치게 많은 부를 차지해 다수를 착취하는 구조를 바꾸는 것으로도 불평등 문제 해결의 실마리를 찾을 수 있었다. 결국 중요한 것은 절대적 평등이 아니라 사회 구성원 모두가 어떻게 해야 실질적 자유를 누릴 수 있는가의 문제이다. 기본소득을 바탕으로 한 경제적 여유가 시민들의 자유로운 삶을 향상해 줄 수 있음을 확인했다.

가만히 보니 밑에서 위로만 향하던 돈 중 일부가 아래로 흐르고 있었다. 그러면서 처음 저항하던 플루토크라트도 돈이

내려가야 다시 올라올 수 있다는 것을 깨닫기 시작했다. 사실 그전에는 돈이 올라오기만 하다 보니 저소득층 사람들을 더 많이 쥐어짜야 했다. 그 바람에 저소득층의 반발도 심했다. 그러나 기본소득을 지급한 후에는 사회 갈등이 줄어들었다. 또 내려간 돈이 결국 다시 올라오니 플루토크라트들도 크게 손해가 아님을 알게 되었다.

  지소유는 친구들과 이룬 일에 보람을 느꼈다. 어느새 친구들이 지소유 옆으로 몰려와 머리를 쓰다듬고, 등을 토닥이며 칭찬 세례를 퍼부었다. 지소유가 흥분하여 외쳤다.

"그럼 어떡해?"

아이들 역시 어느 때보다 더 큰 목소리로 화답했다.

"공유부를 바탕으로 한 기본소득으로 해결하지!"

푸른 하늘 흰 구름 사이로 오색 찬란한 무지개가 떴다. 무지갯빛에 물든 아이들과 시민들은 내일의 희망을 가슴에 품을 수 있었다.

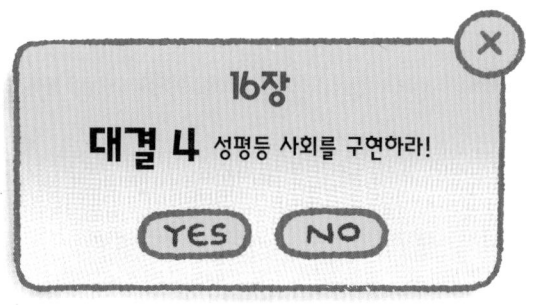

그때 땅이 갑자기 푹 꺼지면서 극득남이 사라졌다. 여기저기서 도로가 파이고 땅이 꺼졌다. 아이들이 손쓸 틈도 없이 이번에는 강기후가 굴러떨어졌다.

"싱크홀이다. 조심해!"

공유부가 외치는 순간, 땅 밑이 갈라지며 지소유도 삼키려 했다. 다행히 옆에 있던 본회퍼가 얼른 팔을 내밀어 지소유를 단단히 붙잡았다. 공유부도 본회퍼를 도와 겨우 지소유를 구할 수 있었다.

"와! 진짜 무거워. 여자가 무슨."

본회퍼가 헉헉거리며 투덜거렸다. 여자가 어쩌고 하는 소리에 지소유는 고마웠던 마음이 싹 사라졌다.

"뭐! 여자가? 몸무게 무거운 거랑 여자랑 뭔 상관이야?"

본회퍼는 아차 싶었다.

"미안, 미안… 말이 헛나왔어. 그나저나 빨리 득남이랑 기후를 구해야 할 텐데."

서둘러 말을 돌렸다.

가부장제 싱크홀, 성차별 싱크홀, 가정 폭력 싱크홀, 성폭력 싱크홀, 남아 선호 싱크홀, 임금 격차 싱크홀, 아동 학대 싱크홀, 유리 천장 싱크홀, 그림자 노동 싱크홀, 독박 육아 싱크홀……. 도대체 어느 싱크홀에 빠져 있는지 알 수 없었다.

"득남아!"

"기후야!"

아이들은 싱크홀에 빠지지 않게 조심하며 찾기 시작했다. 그때 남아 선호 싱크홀에서 힘겹게 기어오르는 득남이를 보았다. 득남이는 흙투성이에 땀 범벅이었다. 공유부가 재빠르게 달려가서 득남이를 끌어내었다.

얼른 기후를 찾아 싱크홀 공격에 맞서야 하는데 도대체 기후는 어디 있는지 코빼기도 보이지 않았다. 아이들은 다시 한번 싱크홀을 하나하나 잘 살펴보기로 했다.

임금 격차 싱크홀은 특히 깊었다. 한국 남성 노동자 평균 연봉은 약 5천만 원이었으나, 여성 노동자는 남성의 약 60%인 3천만 원에 불과했다. 여성은 남성과 비교하면 매달 60만 원

정도 월급을 덜 받는 꼴이었다. OECD 평균 남녀 임금 격차가 약 11%인데 반해 한국은 무려 31.5%로 특히 심했다. 26년째 성별 임금 격차 1위 불명예를 벗어나지 못하고 있다.

유리 천장 싱크홀은 낯설었다. 유리 천장이란 충분한 능력을 갖췄지만 단지 여성이라는 까닭으로, 유색인종이기 때문에 고위직에 오르지 못하는 상황을 마치 투명한 유리 천장이라서 하늘에 오를 수 있을 것으로 보이지만 막혀서 오르지 못하는 것에 비유한 단어였다.

실제로 유리 천장 지수에서 한국 고위직 여성 비율은 10.5%, 기업 이사회 내 여성 임원 비율은 2.4%에 불과했다. 22대 여성 국회의원 비율도 20%로 OECD 평균 약 33.8%보다 훨씬 낮았다. OECD 37개 나라 가운데 한국은 34위, 세계 순위도 121위에 그쳤다.

그림자 노동 싱크홀도 처음 본 아이들이 많았다. 그림자 노동이란 노동을 제공했는데도 그에 대한 대가를 제대로 받지 못하는 것으로 가사노동과 돌봄노동이 대표적이다. 특히 집안일과 육아는 아직도 여성이 전담하는 경우가 많은데 그걸 너무도 당연하게 여기고, 임금도 없으며 심지어 가치 없게 여기고 있었다. 그러다 보니 '독박 육아'로 고통받고 있었다.

워킹맘들은 회사 일과 집안일을 다 잘해야 하는 슈퍼우먼

콤플렉스에 빠져 괴로워했다. 회사에서는 임금 차별을 당하고, 육아하느라 경력 단절로 유리 천장은 높아만 가는 현실이었다. 결국 아이를 아예 낳지 않고, 결혼도 하지 않는 등 또 다른 싱크홀이 더 많이 생겨나는 원인이 되었다.

아동 학대 싱크홀에서는 여전히 아이를 훈육한다는 핑계로, 부모의 화풀이 대상으로 아동 학대가 벌어졌다. 경쟁 사회에서 살아남기 위해 아이들은 어렸을 때부터 밤늦게까지 학원을 다니고, 숙제에 시달리며 힘겹게 사는 모습도 보였다. 바로 자신들 모습이기에 더 안타까웠다. 부모들은 아동 스스로 선택할 권리를 빼앗고 그것을 사랑이라는 이름으로 포장해 아동을 학대하고 있었다. 그것이 학대인지 모르는 경우도 많았다.

부모 역시 자녀가 경쟁에서 밀려나 빈곤층으로 전락하지 않도록 사교육비를 퍼붓다 보니 여가를 즐길 여력도 없었고, 노후 대비도 하지 못해 불안에 시달렸다. 그 싱크홀 밑바닥에서 신음하는 아이들 틈에 기후가 보였다.

"강기후!"

아이들은 기후가 싱크홀을 빠져나올 수 있도록 얼른 밧줄을 내려 줬다. 아동 학대로 괴로워하는 아이들에게 꼭 구하러 오겠다고 약속하고 기후는 서둘러 밧줄을 타고, 깊은 싱크홀을 겨우 빠져나왔다.

"더 많은 희생이 있기 전에 사람들을 구하고 싱크홀을 메워야 해. 어서 서두르자."

공유부는 잽싸게 "공유부를 바탕으로!" 목청껏 소리 높이며 전방낙법을 치며 떨어졌다. 그러자 아이들도 태권도 앞지르기 동작으로 절도 있게 주먹을 내뻗으며 공유부 등을 향해 외쳤다.

"기후의 기!"

"본회퍼의 본!"

"소유의 소!"

"득남의 득!"

공유부의 등과 "기, 본, 소, 득" 네 친구 주먹이 만났다. 극득남은 다양한 크기, 모양의 트램펄린 아이템을 던져 주었다. 아이들은 서둘러 여기저기 흩어져 싱크홀에 기본소득 트램펄린을 던졌다. 그림자 노동에 시달리던 사람들이 기본소득 트램펄린에 올라 힘차게 뜀뛰기를 하자 온몸이 솟구쳐 올랐다. 마침내 싱크홀에서 탈출할 수 있었다.

그동안 가부장제 아래 여성들이 집안일과 육아 등으로 아무리 애써도 그건 '여자가 해야 할 당연한 일'로 사람들은 여겨왔다. 마치 늘 우리와 함께하면서도 그 존재감을 느낄 수 없는 그림자처럼 가사 노동과 돌봄 노동에 대해 제대로 된 대가를 지불하지 않았고, 고마운 마음을 갖지도 않았다. 사실 청소하고, 빨래하고, 식사를 준비하는 등 집안일은 사람이 살아가는 데 꼭 필요한 일이다. 아이를 낳고 키우는 일 역시 더할 나위 없이 소중한 일이다. 하지만 현실은 직업을 통해 돈 버는 일만을 중요시한다. 살림하고, 아이 키우는 일은 돈 버는 일이 아니기 때문에 그 중요성에도 불구하고 무가치한 일처럼 오해받았다.

그런데 기본소득은 가사 노동하며 아이를 돌보는 양육자에게도, 회사에 다니며 임금을 받는 양육자에게도, 돌봄을 받는 아이에게도 똑같이 지급된다. 기본소득 덕분에 임금 노동 시간을 줄이고 대신 가사와 육아, 돌봄에 더 시간을 쏟을 수 있게 되어 역할 분담을 둘러싼 갈등이 줄었다. 가족들과 여유롭게 시간을 보내며 가사와 육아가 부담이 아닌 기쁨이 될 수 있다는 사실을 깨닫기 시작했다. 남자든 여자든 형편에 따라서, 원하는 대로 가사와 육아를 맡을 수 있었다. 기본소득이 육아나 돌봄에 대한 대가로 주어지는 것은 아니지만, 기본소득 덕에 육아나 돌봄의 가치를 깨닫는 사람들이 점차 늘어 갔다.

기본소득 덕분에 아이들도 더 나은 환경에서 자랄 수 있게 되었다. 자신들 몫으로 지급된 기본소득을 모아 청년이 되었을 때 창업자금으로 쓸 수도 있고, 또는 자신이 원하는 공부를 계속하는 데 그 돈을 사용할 수 있게 되었다. 그림자 노동의 깊은 수렁에서 빠져나온 사람들 얼굴은 쏟아지는 햇살만큼이나 환하게 빛났다.

가정 폭력에 시달리던 사람들도 기본소득 트램펄린에서 힘차게 도약했다. 그동안 생계가 막막해서 떠날 수 없었는데 기본소득을 바탕으로 폭력에서 벗어나 안전한 삶을 살게 되었다. 아동 학대에 시달리던 아이들도 더 이상 부모 경제력에 의존해서 원하지 않는 부모의 잘못된 명령을 따를 필요가 없게 되었다. 학대에서 벗어나, 자신을 진정으로 돌봐 줄 수 있는 어른들과 새로운 가족을 이룰 수 있었다. 부모들도 그동안 자신이 먹여 살린다는 이유로 어린 자식을 자기 소유물인 양 함부로 하는 태도를 반성하게 되었다. 치열한 경쟁에서 살아남을 수 있어야 한다며 아이들에게 과도한 학습을 강요하는 일도 기본소득이 보장되는 삶을 살 수 있게 되어 줄어들기 시작했다. 덕분에 사교육비를 줄일 수 있어 한숨 돌리는 효과까지 생겼다.

사람들이 깊은 싱크홀에서 빠져나오는 것을 보면서 아이들은 저 싱크홀을 아예 메우기로 했다. 다시는 고통받는 사람들이 없도록 하고 싶었다. 타자포코 굴착기, 타자크리스 레미콘, 타자빌리 불도저, 타자맥스 덤프트럭을 타고 부지런히 기본소득을 쏟아부었다.

그러나 안타깝게도 싱크홀을 다 메우기에는 기본소득이 부족했다. 토지보유세, 시민소득세, 로봇세, 빅데이터세 등만으로는 충분하지 않았다. 시민들이 안심하고 실질적 자유를 누리려면 더 충분한 기본소득 재원이 필요했다. 시민들이 합의한다면 5% 걷던 세율을 10%, 20%로 올리는 방안도 있다. 하지만 너무 급격하게 세율을 인상하면 반발을 불러일으키고, 경제에 부작용을 줄 수 있어 조심히 접근해야 했다.

그동안은 가난한 사람을 찾아내서 전달하느라 많은 선별 비용이 들었는데, 기본소득은 자격을 따지지 않고 누구에게나 똑같이 주므로 이제 자격 심사하느라 들던 시간과 비용을 줄일 수 있었다. 그렇게 아낀 비용은 기본소득 재원으로 보탤 수 있었다.

또 이전처럼 정부가 과학기술 개발

을 위해 막대한 연구자금을 기업에 지원했을 때 성과를 달성하면 그 수익을 기업이 모두 가져가는 것이 아니라, 수익금 일부를 배당금으로 돌려받아서 기본소득으로 시민들에게 나눠 주는 방법도 찾았다. 이렇게 부지런히 기본소득 재원을 발굴해서 싱크홀을 점차 메워 나갔다.

  모두 땀방울 흘려 가며 부지런히 일하는 모습에 특별히 극득남은 울컥했다. 성차별로 고통받는 여성들을 위해 한때는 남자들에게 그대로 갚아 주고 싶었다. 하지만 서로에 대한 혐오와 복수는 문제를 해결하기는커녕 오히려 그 사회의 약한 자들에게 더 큰 고통을 준다는 사실에 해결책을 찾지 못해 답답했다. 그런데 유부가 알려 준 기본소득 덕분에 성차별을 점차 줄일 효과적인 방법을 찾아 감격스러웠다.

　이제 아들만 중시하는 어른들 생각을 바꿔 주고 싶었다. 핏줄을 기반으로 한 가족만이 아니라 다양한 가족이 있을 수 있음을 할아버지와 할머니께도 보여 드리기로 마음먹었다. 그리고 극득남이 아닌 자신이 원하는 새로운 이름을 나중이 아닌 당장 찾겠다고 결심했다. 그런 득남이 결심을 친구들은 다 같이 응원했다. 득남이는 감격해서 쏟아지는 눈물을 참을 수 없었다. 그래도 애써 울음을 참으며 득남이가 외쳤다.

　"그럼 어떡해?"

　아이들 역시 울컥한 마음을 다잡으며 울먹이는 목소리로 소리쳤다.

"공유부를 바탕으로 한 기본소득으로 해결하지!"

아이들은 꿈만 같았다. '강노지극' 아무리 강한 힘도 마지막에는 쇠퇴하고 만다. 뜻은 알았지만, 솔직히 자신이 없었다. 어린 자신들이 그 큰 힘과 맞서 싸울 수 있을지 몰랐다. 그것도 너무도 생소한 '공유부를 바탕으로 한 기본소득'이 해결의 실마리가 되리라고는 상상도 못 했다.

하지만 용감한 다섯 친구가 힘을 모으니 기후 종말 위기 속 인류를 구할 수 있었다. 불평등과 차별에 신음하는 시민들에게 희망을 줄 수 있었다. 기술 발달로 인한 혜택은커녕 고통받던 노동자들, 성차별과 각종 폭력에 시달리던 사람들에게 인간다운 삶이 가능함을 온몸으로 느끼게 해 줬다. 무엇보다 그것이 스스로가 마땅히 누려야 하는 권리인 '공유부를 바탕으로 한 기본소득'을 통해서 가능하다는 사실을 깨달은 것이 가장 큰 성과였다.

아이들이 이룬 성과에 토머스 페인 할아버지도 자신이 못다 한 꿈을 마침내 이루었기에 기뻐했다.

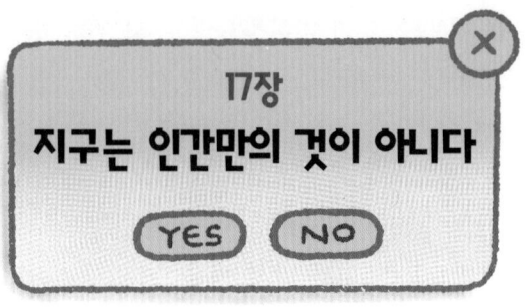

17장
지구는 인간만의 것이 아니다

 이제 헤어질 시간이다. 각자 자기 자리로 돌아가 '공유부를 바탕으로 한 기본소득'이 더 튼튼히 뿌리내릴 수 있도록 힘쓰겠다고 다짐했다. 아이들은 그동안 쌓은 우정 때문인지 쉽게 발걸음이 떨어지지 않았다. 그래도 애써 작별 인사를 하려던 순간, 어딘가에서 괴이한 소리가 들려왔다. 처음에는 외국어인가 싶었다. 그런데 가만히 귀 기울여 들어 보니 사람 목소리가 아니었다. 소리는 점점 또렷하게 크게 들려왔다.
 "후투티티~ 아오~ 푸우~ 뻑뻑~ 어흥~ 매애애~ 히힝~ 음매~ 새끼께~ 찍찍~"
 여러 동물 목소리였다. 우리 귀에는 잘 들리지 않지만, 식물들이 내는 고주파 목소리도 섞여 있었다. 그뿐만이 아니라 땅, 산, 강 등 자연이 외치고 있었다. 아이들은 귀를 쫑긋 세웠다.

그들이 뭐라 외치는지 진심으로 듣고자 했다.

"공유부가 어떻게 인간 너희들만의 것이야? 이 우주에, 지구상에 너희 인류가 온 것은 얼마 되지 않아. 너희 인류는 그저 한 점에 불과해. 그런 너희가 공유부를 다 차지한다는 것은 말이 안 돼. 공유부는 인간들만 소유하는 것이 아니라 동물, 식물, 땅, 하늘 우리 모두의 것이야. 우리에게도 공유부를 나눠 줘."

아이들은 망치로 머리를 세게 얻어맞은 듯 얼떨떨했다. 그냥 사람들 문제라고 생각했다. 그런데 자연의 목소리를 듣고 보니 공유부 가운데 상당한 부분은 사람들만의 몫이 아니라 자연의 몫이기도 했다. 그런데 그걸 자연에 어떻게 나눠 줄 수 있을지 몰랐다. 기본소득을 동식물과 자연에 나눠 준들 그들이 사용할 수 있을까?

"그럼 어떡해?"

아이들은 답답한 마음에 토머스 페인 할아버지를 향해 소리쳤다. 그런데 오랫동안 아무런 대답이 없었다.

토머스 페인 할아버지도 한 번도 생각하지 못한 질문에 당황해서 선뜻 대답하지 못했다. 결국 할아버지도 좋은 답을 주지 못했다.

"그건 너희들이 알아서 해. 너희들이 풀어 가야 할 숙제야."

그런 답이 돌아올지는 정말 몰랐다. 그러나 한편으로 생각해 보면 토머스 페인 할아버지가 '공유부를 바탕으로 한 기본소득'을 문제 해결 방안으로 내놓은 것만으로도 충분히 고마운 일이었다. 할아버지 말씀대로 나머지는 우리가 해결해야 할 과제였다.

아이들은 머리를 맞대고 골똘히 고민했다. 그때 공유부가 조심스레 말을 꺼냈다.

"이러면 어떨까?"

"뭔데? 좋은 생각이 떠올랐어?"

아이들은 호들갑을 떨며 말똥말똥한 눈으로 공유부를 한꺼번에 바라봤다. 공유부는 친구들 기대가 부담스러웠지만, 조심스레 자기 생각을 밝혔다.

"그들 말이 맞아. 우리 인류는 그저 우주의 일부분일 뿐이야. 자연 공유부는 우리 사람만의 몫이 아니라 모두가 누려야 할 몫이야. 그런데 현실적으로 공유부를 바탕으로 한 기본소득을 동식물과 자연에 나눠 줄 수 없잖아. 그러니 그들 몫을 건드리지 말아야지. 그러면 될 것 같은데."

아이들은 답답했다. 공유부 말이 선뜻 이해되지 않았다.

"그들 몫을 건들지 말아야 한다니. 그게 무슨 말이야. 더 자세히 설명해 봐."

공유부는 어떻게 설명하면 좋을까 망설였다. 그러다가 다시 말을 이어 갔다.

"음… 그건 말이야… 그동안 우리 인류는 풍요로운 삶을 위해 경제 성장과 개발만 추구하며 달려왔잖아. 빈곤을 없앤다는 명분으로 더 많은 농토를 만들고, 집과 공장을 짓고, 수산물을 포획하고. 물론 분배가 정의롭게 이뤄지지 않은 바람에 불평등은 심하고, 극빈층은 여전히 굶주림에 시달렸지. 그나마 기본소득 덕분에 사람들 문제는 어느 정도 해결할 실마리를 찾았지만."

공유부가 빨리 말하지 않아서 좀 답답했지만, 아이들은 꾹 참고 경청했다.

"그런데 만약 기본소득을 나눠 준다는 이유로 계속 성장을 위해 내달리면 어떻게 될까? 물론 사람들 삶은 이전보다 풍요로워지겠지만 더 많은 사치는 자연 파괴로 이어져서 기후 종말을 다시 맞게 되지 않을까? 동식물은 더 많이 멸종하고, 자연은 더 많이 파괴되고. 공유부를 그들에게 나눠 주기는커녕 오히려 자연을 더 괴롭히는 꼴이지. 결국 그 피해는 우리 인간들에게도 오게 될 것은 자명한 사실이고."

"기후 종말이 다시 오면 당연히 안 돼!"

강기후가 고개를 절레절레 흔들었다. 아이들은 공유부 말이 드디어 이해가 갔다. 고개를 끄덕이며 격하게 동의를 표했다. 아이들 격려에 힘입어 공유부는 조금 더 자신이 있는 목소리

로 주장했다.

"그러니까 공유부 중에서 인간 몫에 해당하는 부분만을 개발하자는 거야. 그리고 나머지 동식물과 자연의 몫은 그대로 남겨두는 거야. 물론 개발 과정에서 자연을 훼손하지 않도록 최대한 조심하고, 혹시나 파괴한 부분이 있다면 복구해야지."

"그래. 맞네. 0.1% 플루토크라트가 99% 시민들 몫을 독차지하면 안 되듯이 소수 인류가 자연 전체 몫을 빼앗는 일도 옳지 못하네."

득남이가 맞장구를 쳤다.

"그러려면 인류가 만물의 영장이고, 자연을 마음대로 개발할 수 있다는 자만심을 버려야 해. 그냥 우리 인류도 우주 구성원일 뿐이고, 우리 몫으로 주어진 범위 안에서 개발하고 그걸 기본소득으로 인류끼리 잘 나눈다면 나머지 지구 생명체들의 불만도 잠재울 수 있지 않을까?"

공유부 말에 지소유는 격하게 찬성했다.

"맞아. 그게 법정 스님의 무소유 정신 아닐까 싶어. 물질 욕망은 그 끝이 없다고 했어. 하나를 가지면 또 가지고 싶고, 또 하나를 가지면 더 가지고 싶어 하지. 인간들이 기본소득으로 뭘 더 많이 가지려고만 한다면 자연엔 재앙이 될 거야. 기본소득이 소유욕을 부추기기보다는 물질이 아닌 다른 것에서 행복을 발견하게 도와주면 좋겠어. 그런 의미에서 자연의 몫을 인간이 건드리지 말고 그대로 두어야 해."

강기후도 동의했다.

"그래 맞아. 기본소득만으로는 기후위기를 막을 수 없어. 결국은 사람들이 에너지도 덜 쓰고, 물질 소비도 줄이는 데 함께 노력해야 해. 물론 그동안 에너지를 더 많이 쓰고, 지구를 더 많이 더럽힌 부자 나라와 플루토크라트가 더 많이 책임져야 하지만… 그들의 책임만으로는 부족해. 우리 인류가 성장 신화에서 벗어나야 기후 종말로부터 지구를 구할 수 있어."

본회퍼와 득남은 과연 사람들이 욕심을 버릴 수 있을지 자신할 수 없지만, 함께 살아가기 위해서, 그리고 모두의 몫을 모두에게 나누자는 기본소득을 주장하려면 동식물과 자연의 몫도 당연히 보장해 줘야 한다는 데는 뜻을 같이했다.

강기후, 노본회퍼, 지소유, 극득남 그리고 공유부는 서로 손을 잡고 둥글게 섰다. 서로에게 따뜻한 눈빛을 보냈다. 꽉 쥔 손을 통해 앞으로도 뜻을 함께하겠다는 굳건한 의지도 나눴다. 그러고는 다 함께 외쳤다.

"그럼 어떡해?"

저 멀리 어디선가 80억 인류가 한목소리로 외치는 우레와 같은 소리가 들려오는 것만 같았다.

"공유부를 바탕으로 한 기본소득으로 해결하지!"

아이들은 두 손을 활짝 들어 만세를 외쳤다.

물론 기본소득만으로 모든 세상 문제를 해결할 수는 없을 것이다. 기본소득은 만병통치약이 아니다. 그러나 최소한 신음하는 지구를 살릴 수 있는 응급처치 약은 될 수 있다. 더 건강한 지구를 위한 영양제 역할은 할 수 있다. 기본소득을 바탕으로 모든 생명체가 함께 사는 지구를 만드는 것은 우리 모두가 풀어야 할 과제이다.

[대결 승리로 퀘스트 완료! '용감한 다섯 친구' 명예의 전당에 등록을 시작합니다.]

강기후 '용감한 다섯 친구' 명예의 전당 등록 완료!

노본회퍼 '용감한 다섯 친구' 명예의 전당 등록 완료!

지소유 '용감한 다섯 친구' 명예의 전당 등록 완료!

극득남 '용감한 다섯 친구' 명예의 전당 등록 완료!

공유부 '용감한 다섯 친구' 명예의 전당 등록 완료!

11장 지구는 인간만의 것이 아니다

아이들은 명예의 전당 등록 소식에 환호성을 지르며 서로를 축하했다. 얼싸안고 신나게 돌기 시작했다.
"야, 공유부 뭐 하니? VR 체험 수업 끝났어. 언제까지 빙빙 돌 거야? 정신 차려. 빨리 VR 고글 벗어서 제자리에 두고 얼른 교실로 돌아가서 다음 시간 수업 준비해."

공유부는 선생님 질책에 깜짝 놀라 서둘러 '게임 체인저 : 기본소득' 게임을 종료했다.

공유부 님이 퇴장했습니다.

VR 속에서는 갑자기 공유부가 사라져 나머지 네 친구는 어안이 벙벙했다.

"득남아, 득남아, 계집애가 왜 선머슴애처럼 방에서 뛰고 난리야. 그 이상한 게임 그만하고 엄마 일이나 좀 도와. 어서."

할머니는 득남이 등짝을 치면서 잔소리했다. 득남이는 화들짝 놀라서 '게임 체인저 : 기본소득' 게임을 종료했다.

극득남 님이 퇴장했습니다.

공유부에 이어서 득남이도 사라졌다. 이제 강기후, 노본회퍼, 지소유만 남았다.

안방에서 우는 소리가 들렸다. 지자비가 잠에서 깨어 엄마, 아빠, 누나 아무도 안 보이자 대성통곡을 했다. 마침 정토회 환경지킴이 삼별단 모임을 마치고 들어온 아빠와 엄마가 지소유에게 잔소리했다.

"엄마, 아빠 없는 동안 동생 좀 잘 돌보라고 했더니 동생은 내팽개치고 VR 게임만 하고, 너 당장 VR 고글 안 벗어. 너를 어떻게 믿고 VR 기기를 사 주겠니? 그래 안 그래?"

지소유는 정말 억울했다. 동생 잘 재우고 잠깐 한 건데, 게다가 엄마 아빠 뜻대로 잘 살 수 있는 세상을 만들기 위해서 VR을 한 건데 그런 사정을 하나도 몰라주는 부모님이 야속했다. 로그아웃도 제대로 못 한 채 VR 기기가 강제 종료되었다.

> 지소유 님이 퇴장했습니다.

　이제 강기후와 노본회퍼만 남았다. 그러고 보니 시간이 꽤 흘렀다는 사실을 깨달았다. 강기후는 이제 그만 자야 내일 지각해서 혼나는 일이 없을 것 같았다. 노본회퍼 역시 복잡했던 마음이 싹 풀렸다. 둘은 다시 만날 것을 약속하고 하이파이브로 인사를 마쳤다.

> 강기후 님이 퇴장했습니다.

> 노본회퍼 님이 퇴장했습니다.

　이제 '게임 체인저 : 기본소득' 게임 세상에는 토머스 페인 할아버지만이 남아 새로운 친구들이 접속할 것을 기다리고 있다.

　다음 접속자는 바로 여러분!
　'게임 체인저 : 기본소득'에 오신 것을 환영합니다.

나가며

대한민국이 브라질과 월드컵 결승에서 만나 우승을 다투면 어떨까요? 월드컵에서 이런 날이 곧 오면 좋겠네요. 16강 진출도 기뻐하는 우리나라 실력으로는 늘 우승을 다투는 브라질을 결승전에서 만나려면 솔직히 좀 시간이 필요해 보입니다.

그런데 '기본소득'을 국가 단위에서 최초로 실시하는 나라라는 타이틀을 두고는 대한민국이 브라질 등 몇몇 나라와 우승 경쟁을 펼치고 있답니다.

우리나라는 청년 기본소득, 농민 기본소득 등 다양한 이름으로 기본소득 정책 실험을 진행했습니다. 몇몇 정치인들은 기본소득을 주요 공약으로 내걸고 선거에 나섰습니다. 기본소득 관련 법안을 국회에 제출했습니다. 다만 아직 시민들과 충분히 합의하지 못하여 기본소득을 실현하지는 못하고 있습니다.

브라질은 우리보다 한발 앞서 오래전 기본소득 법안을 통과시켰습니다. 하지만 정권이 바뀌기도 하고, 재원 마련 방안이 아직 명확하지 않아서 계속 준비하고 있습니다. 그래서 기본소득 연구자들은 과연 대한민국과 브라질 가운데 누가 먼저 기본소득 실시 국가가 될지 흥미롭게 주시하고 있답니다.

물론 캐나다와 네덜란드 등 다른 나라들이 더 먼저 기본소득 실시 국가라는 영광을 차지할 수도 있습니다. 이왕이면 우리나라가 기본소득을 모범적으로 먼저 시작한다면 더 좋겠지요? 그러한 바람을 담아 이 책을 썼습니다.

'게임 체인저 : 기본소득'을 읽은 여러분 마음속에 기본소득 씨앗이 심어졌기를 바랍니다. 그 씨앗이 싹트고, 열매를 맺어 여러분들 입을 통해 기본소득 필요성과 효과성 그리고 정당성이 세상에 뻗어 나가길 기대합니다.

그러한 우리의 노력이 모여 많은 시민이 기본소득에 동의하는 날, 시민들 뜻을 받들어 기본소득을 공약으로 내세운 정치인이 국회에 입성하고, 시장이 되고, 대통령이 되어 기본소득 법안을 통과시킬 것입니다. 그리고 마침내 기본소득이 있는 복지국가가 게임 속이나 이야기 속 상상이 아닌 현실이 되어 우리 삶을 변화시킬 것입니다.

그날을 앞당기기 위해서는 더 많은 친구가 '게임 체인저 :

기본소득' 주인공이 되어야겠지요. 주변 친구들과 어른들과 이 책을 함께 읽고 기본소득에 대해 더 많은 이야기를 나누길 바랍니다.

　이 책을 기획하고, 여러분들이 읽기 쉽도록 꼼꼼하게 손봐 준 문현경 편집자님께 감사드립니다. 그리고 '겜알못'인 제게 여러 게임에 대해 자세히 설명해 준 여러 어린 친구들도 고맙습니다. 덕분에 이 책을 쓸 수 있었습니다. 또한 기본소득에 대한 공부는 기본소득한국네트워크 회원들 도움을 많이 받았습니다. 결국 이 책 역시 '공유부' 덕분에 쓸 수 있었던 것이지요. 모두에게 감사를 전합니다.

　책 속 주인공들은 '그럼 어떡해?'라고 자신들이 부딪히는 현실에 대해 의문을 갖고, 그 해결책을 찾아 친구들과 모험을 떠났습니다. 이처럼 여러분 역시 자기 삶의 문제에 대해 스스로 해결책을 찾아 나서는 용기를 내야 합니다. 그 문제를 친구들과 주변 어른들과 함께 풀 수 있기를 응원합니다.

　가장 큰 바람은 기본소득을 바탕으로 자신이 바라는 삶을 살아가는 세상을 실현하는 것입니다. 그런 우리 삶을 위해 지금 당장 '게임 체인저 : 기본소득!'

> 단어 설명

1) **온난화** : 지구 평균 기온이 상승해 점점 더워지는 현상. 학자들은 지구 온난화로 빙하가 녹아 해수면이 상승하고, 이상기후가 일어나고 있다며 경고해 왔다.

2) **이상기후** : 기온이나 강수량 따위가 정상적인 상태를 벗어난 기후. 사계절이 뚜렷한 우리나라에도 이상기후 현상으로 봄, 가을이 짧아지고 여름, 겨울이 길어지고 있다. 바다에는 아열대성 어류가 살고 여름에는 무더위와 집중 호우가, 겨울에는 폭설과 한파가 자주 나타나고 있다.

3) **숏폼(short form)** : 평균 15~60초, 최대 10분을 넘기지 않는 짧은 동영상으로 제작된 콘텐츠를 말한다. 틱톡이 대표적이며 인스타그램 릴스, 유튜브 쇼츠 등 글로벌 플랫폼들은 자체 숏폼 콘텐츠를 키워 가고 있다.

4) **킹 타이드(King tide)** : 밀물과 썰물 파도의 높이 차이가 1년 가운데 가장 높아지는 것으로 공식 명칭은 '스프링 타이드'이다. 지구, 달, 태양이 일직선에 놓일 때 태양과 달의 인력이 합쳐지며 발생한다.

5) **인상과 용상** : 인상은 바닥에 놓인 바벨을 한 번의 동작으로 머리 위로 들어 올리는 역도 경기이고, 용상은 바벨을 일단 가슴 위로 올렸다가 머리 위로 들어 올리는 역도 경기이다.

6) **노란 조끼 운동** : 2018년 프랑스의 조세개혁이 서민과 빈민에게만 부담을 지운다고 주장하며 시작된 운동으로, 프랑스에서 처음 시작해 이탈리아, 벨기에, 네덜란드 같은 주변 나라로 번졌다. 시위의 상징인 노란 조끼는 노란색 야광 안전조끼를 말하는데, 유류세 인상에 항의하는 운전자, 특히 운수업자들의 어려운 처지를 상징한다.

7) **유류세** : 경유, 휘발유 따위의 석유 파생 연료에 붙는 세금.

8) **집시** : 코카서스 인종으로 떠돌이 생활하는 민족. 헝가리를 중심으로 유럽 각지에 퍼져 살았다. 일반적으로 쾌활하며 음악에 뛰어난 재능을 지니고 있다.

9) **홀로코스트(Holocaust)** : 제2차세계대전 중 나치 독일이 자행한 유대인 대학살. 일반적으로 인간이나 동물을 대량으로 태워 죽이는 행위를 가리키기도 한다.

10) **강화** : 전쟁을 하던 두 나라가 전투를 그치고 조약을 맺어 평화를 회복함.

11) **교수형** : 사형수의 목을 옭아매어 죽이는 형벌.

12) **마무리 노동자** : 처음 만들어진 직물(생지)을 표백 처리하거나, 불순물을 제거하는 등 품질을 높이는 마무리 작업을 하는 노동자.

13) **전단기** : 금속판을 자르는 데 쓰는 기계.

14) **에녹(Enochs)** : 성경의 중요 인물로, 365년 동안 지상에서 하느님과 동행하는 삶으로 사랑받아 죽지 않고 승천하였다고 나온다.

15) **긁어 부스럼** : 아무렇지도 않은 일을 공연히 건드려서 걱정을 일으킨 경우를 비유적으로 이르는 말.

16) **자가** : 자기가 사서 소유하고 있는 집을 말한다. 전세는 목돈을 보증금으로 내고 집을 빌려 사용한 뒤, 계약 기간이 끝나면 보증금을 돌려받는 형태이고, 월세는 매달 정해진 돈을 집 주인에게 지불해 집을 빌려 쓰는 방법이다.

17) **학구** : 통학 구역을 줄여 부른 말로, 특정 지역 주민의 자녀에게 특정한 학교에 갈 것을 지정해 놓은 구역이다. 먼 거리 통학을 줄이고 지역별로 학교에 입학하는 아동 수를 균형 있게 맞추고자 초등학교와 중등학교에서 구역을 제한하고 있다.

18) **여우와 신 포도** : 배고픈 여우가 높은 곳에 달린 포도를 발견하고 점프도 하고, 나무를 타고 올라가려 애썼지만 결국 따 먹을 수 없자, 여우는 '저 포도는 어차피 신 포도일 거야!'라며 투덜거렸다. '원하지만 가질 수 없을 때 마치 원하지 않는 척을 하는 것'을 뜻하는 표현.

19) **정토회** : 법륜 스님이 주축이 되어 만든 대한민국의 불교 단체. 1988년 '정토포교원'으로 시작, '맑은 마음', '좋은 벗', '깨끗한 땅'을 모토로 한다. 종교와 사회운동 두 가지 측면을 모두 가지고 있으며, 사회 변화를 통한 개인 행복을 동시에 추구하는 것이 특징이다.

20) **월가를 점거하라(Occupy Wall Street, OWS)** : 2011년 9월 17일 빈부격차 문제를 지적하고 금융기관의 부도덕성에 항의하기 위해 미국 뉴욕의 월가에서 '월가를 점거하라'는 구호로 시작해 미국과 세계 곳곳으로 번진 광장 점거 운동을 가리킨다.

21) **사달** : 일어난 사건이나 사고나 탈. '사건'과 발음이 비슷하여 혼동해 쓰지만 '사건의 단서 또는 실마리'의 뜻으로 쓸 때는 '사단'이, '사달'의 뜻으로 쓸 때는 '사달'이 맞다.

22) **함함하다** : 털이 보드랍고 윤기가 있다. 반지르르하다.

23) **지청구** : 아랫사람의 잘못을 꾸짖는 말.

24) **빌미** : 재앙이나 탈 따위가 생기는 원인.

25) **마틴 루서 킹** : 미국의 침례교 목사이자 흑인인권 운동가. 1963년 워싱턴 D.C.에서 열린 평화 행진에서 '나에게는 꿈이 있습니다(I have a dream)'라는 연설을 하여 인종 차별 폐지와 흑인 인권 보장을 주장하였다. 1968년 4월 4일 테네시주 멤피스에서 암살당하였으며, 미국에서는 그를 기리기 위해 해마다 1월 셋째 주 월요일을 '마틴 루서 킹 데이'로 정했다.

26) **아메리칸 드림** : 미국에 가면 무슨 일을 하든 행복하게 잘 살 수 있으리라는 기대를 담은 말.

27) 개발도상국 : 소득이 적고 주로 1차 산업인 농업에 의존하고 있는 저개발국. 산업의 근대화와 경제 개발이 선진국에 비하여 뒤떨어진 나라로 제2차세계대전이 끝나고 독립한 아시아, 아프리카, 중남미의 여러 나라가 이에 속하며, 과거에는 후진국이라 불렸다.

28) 급진주의 : 사회적 이상을 실현하기 위하여 현재의 사회 제도나 정치 체제 관행 따위를 급격하게 변혁하려는 주의. '점진주의'의 반대말.

29) 도화선 : 폭약이 터지도록 불을 붙이는 심지로 사건이 일어나게 된 직접적인 원인을 뜻하기도 한다.

30) 프랑스 혁명 : 1789년 프랑스에서 부르봉 왕조를 무너뜨리고 근대 시민 사회를 이룩한 시민 혁명.

31) 누진적 소득세 : 소득이 높을수록 더 높은 세율을 적용해서 더 많은 소득세를 거둬들이는 제도.

32) 기본소득지구네트워크 : 기본소득 실현을 목적으로 기본소득 논의를 이끄는 국제 네트워크다. 1986년 창립했다. 2016년 제16차, 2023년 제22차 BIEN(기본소득지구네트워크 영문 약자) 대회가 서울에서 개최됐다. 기본소득지구네트워크가 주장하는 기본소득은 무조건성, 보편성, 개별성, 정기성, 현금성을 특징으로 한다. 이 이야기는 필자의 책 『그건 내 건데』에서 더 자세히 살펴볼 수 있다.

33) 프레카리아트(Precariat) : precarious(불안정한)와 proletariat(하층 노동자 계급)를 합해 만든 신조어로 불안정한 노동 상황에 놓인 비정규직, 파견직, 실업자, 노숙자들을 모두 일컫는다.

34) 플루토크라트(Plutocrat) : 그리스어로 부를 의미하는 plutos와 권력을 의미하는 kratos로 이루어진 합성어로 엄청난 부를 가진 소득 상위 0.1퍼센트 사람들.

35) 시민소득세 : '시민(소득) 기여금'으로 불리기도 한다. 현재 우리가 내는 각종 소득세는 나라 살림을 운영하는 데 쓰인다. 반면 시민소득세는 별도로 거둔 뒤 즉시 전부를 기본소득으로 똑같이 나눈다. 시민들 소득 역시 공유부를 바탕으로 하므로 시민소득세를 내서 그 돈을 다시 기본소득으로 공평하게 나눠야 한다는 주장이다. 사회 합의에 따라 여러 모델이 가능하다. 예를 들어, 전체 국민이 두 사람일 때를 가정하여 시민소득세율을 10%로 정했을 경우 1,000만 원 소득자는 100만 원을 내고, 100만 원 소득자는 10만 원을 낸 뒤 이렇게 모인 시민소득세 110만 원을 기본소득으로 55만 원씩 돌려받는다고 보자. 그러면 1,000만 원 소득자는 최종 소득이 955만 원이 되고, 100만 원 소득자는 145만 원이 된다. 결국 기본소득이 없을 때 900만 원 격차가 나던 소득이, 시민소득세를 통해 기본소득이 도입되면 그 격차가 810만 원으로 줄어드는 효과를 볼 수 있다.

내일을여는어린이 시리즈는 주제 의식이 담긴 동화만을 엄선해 펴냅니다. 의미와 재미가 담긴 동화를 보며, 아이들이 사고력을 키우고 편견과 이기심에서 벗어나 바른 사람으로 자라나기를 바랍니다.

01 보신탕집 물결이의 비밀
개고기 먹어도 될까? 안 될까?
강다민 글 | 수리 그림 | 146쪽 | 11,000원
아침독서 추천도서

02 핵발전소의 비밀 문과 물결이
상상초월 핵발전소 이야기
강다민 글 | 강다민·조덕환 그림 | 126쪽 | 11,000원
세종도서 문학나눔 선정도서 / 아침독서 추천도서

03 행복을 파는 행운 시장
두 동네 아이들이 만들어 가는 아름다운 행복!
안민호 글 | 박민희 그림 | 132쪽 | 11,000원
우수출판콘텐츠 선정도서 / 아침독서 추천도서

04 땅에 사는 아이들
내가 사는 이 땅의 주인은 누구일까?
정세언 글 | 지혜라 그림 | 164쪽 | 11,000원
아침독서 추천도서 / 출판저널 이달의 책 선정도서
학교도서관사서협의회 추천도서

05 사라진 슬기와 꿀벌 도시
자연과 인간의 평화로운 공존을 꿈꿔요!
임어진 글 | 박묘곽 그림 | 160쪽 | 11,000원
출판콘텐츠 창작지원사업 선정작 / 아침독서 추천도서
읽어주기 좋은 책 선정도서 / 한국학교사서협회 추천도서
학교도서관사서협의회 추천도서

06 동물원 친구들이 이상해
생명의 소중함과 자유와 행복의 의미를 생각해 봐요!
고수산나 글 | 정용환 그림 | 184쪽 | 11,000원
출판저널 이달의 책 선정도서 / 아침독서 추천도서
한국학교사서협회 추천도서 / 학교도서관사서협의회 추천도서

07 돼지는 잘못이 없어요
인간을 위해 다른 동물의 생명을 빼앗아도 되나요?
박상재 글 | 고둠 그림 | 148쪽 | 11,000원
환경부 2018년 우수환경도서 / 전국사서협회 추천도서
한국학교사서협회 추천도서 / 한국글짓기지도회 추천도서

08 개성공단 아름다운 약속
남북이 함께 만들어 간 평화의 상징.
개성공단으로 어린이 체험단이 떴다!
함영연 글 | 양정아 그림 | 134쪽 | 11,000원
한국문화예술위원회 문학 나눔 선정도서 / 아침독서 추천도서
한국학교사서협회 추천도서 / 한국글짓기지도회 추천도서

09 죽을 똥 살 똥
똥이 밥이 되고 밥이 똥이 되면 우리도 살고 자연도 살아요!
안선모 글 | 안성하 그림 | 160쪽 | 11,000원
한국학교사서협회 추천도서

10 우리들끼리 해결하면 안 될까요
친구와 다툼이 일어났을 때, 어떻게 해야 할까?
박신식 글 | 김진희 그림 | 137쪽 | 11,000원
소년한국 우수 어린이 도서 / 한국학교사서협회 추천도서
한국글짓기지도회 추천도서 / 북토큰 선정도서

11 백 년 전에 시작된 비밀
친일파, 독립운동가, 재일조선인 후손들의 우정과 역사 이야기
강다민 글·그림 | 136쪽 | 11,000원
한국문화예술위원회 문학 나눔 선정도서
읽어주기 좋은 책 선정도서 / 고래가숨쉬는도서관 추천도서
한국학교사서협회 추천도서 / 학교도서관사서협의회 추천도서

12 3·1운동, 그 가족에게 생긴 일
평범한 소녀 우경이네 가족의 삶을 바꾼 만세운동
고수산나 글 | 나수은 그림 | 133쪽 | 11,000원
고래가숨쉬는도서관 추천도서 / 한국학교사서협회 추천도서
학교도서관사서협의회 추천도서

13 나를 쫓는 천 개의 눈
CCTV와 휴대폰 카메라, 드론은 안전을 위한 것일까, 감시와 통제를 위한 것일까?
서석영 글 | 주성희 그림 | 129쪽 | 11,000원
소년한국 우수 어린이 도서 / 한국학교사서협회 추천도서
부산광역시교육청 공공도서관 추천도서
학교도서관사서협의회 추천도서

14 나와라, 봉벤져스!
마음이 움직이는 진짜 봉사와 상을 타기 위한 가짜 봉사
김윤경 글 | 김진희 그림 | 138쪽 | 11,000원
아침독서 추천도서 / 학교도서관사서협의회 추천도서
한국학교사서협회 추천도서

15 가짜 뉴스를 시작하겠습니다
가짜뉴스는 어떻게 만들어지며 퍼지고, 어떤 결과를 가지고 오게 될까?
김경옥 글 | 주성희 그림 | 140쪽 | 11,000원
세종도서 교양부문 선정도서 / 아침독서 추천도서
고래가숨쉬는도서관 추천도서 / 한국학교사서협회 추천도서
학교도서관사서협의회 추천도서 / 북토큰 선정도서

16 아홉 살 독립군, 뾰족산 금순이
실화를 바탕으로 한 만주 지역 어린이 독립군 이야기
함영연 글 | 최현지 그림 | 132쪽 | 11,000원

한국문화예술위원회 문학 나눔 선정도서
한국학교사서협회 추천도서 / 학교도서관사서협의회 추천도서
책씨앗 좋은책고르기 초등교과연계 추천도서

17 내 말 한마디
무심코 던지는 내 말은 어떤 힘이 있고 어떤 영향을 미칠까?
김경란 글 | 양정아 그림 | 132쪽 | 11,000원

한우리 열린교육 추천도서 / 소년한국 우수 어린이 도서
고래가 숨쉬는도서관 추천도서 / 경기도사서서평단 추천도서
책씨앗 좋은책고르기 초등교과연계 추천도서
학교도서관사서협의회 추천도서 / 한국학교사서협회 추천도서

18 소녀 애희, 세상에 맞서다
굳은 신념을 위해 세상과 맞선 진정한 삶의 가치에 대한 고민
장세련 글 | 이정민 그림 | 137쪽 | 11,000원

한국학교사서협회 추천도서 / 학교도서관사서협의회 추천도서

19 석수장이의 마지막 고인돌
개인의 욕심을 채우려는 권력과 그 권력에 희생된 개인의 선택
함영연 글 | 주유진 그림 | 152쪽 | 12,000원

우수출판콘텐츠 선정도서 / 고래가 숨쉬는도서관 추천도서
읽어주기 좋은 책 선정도서 / 한국학교사서협회 추천도서
학교도서관사서협의회 추천도서 / 한국아동문학상 수상

20 당신의 기억을 팔겠습니까?
인권과 자본, 민영화의 그늘을 알려 주는 동화
강다민 글 | 최도은 그림 | 144쪽 | 12,000원

출판콘텐츠 창작 지원 사업 선정도서 / 읽어주기 좋은 책 선정도서
책씨앗 좋은책고르기 초등교과연계 추천도서
학교도서관사서협의회 추천도서 / 한국학교사서협회 추천도서

21 파랑 여자 분홍 남자
나다움을 찾는 길, 성인지 감수성
김경옥 글 | 홍찬주 그림 | 144쪽 | 12,000원

책씨앗 좋은책고르기 초등교과연계 추천도서

22 여우가 된 날
붉은 여우와 사람이 함께 평화롭게 사는 세상을 위하여
신은영 글 | 채복기 그림 | 128쪽 | 12,000원

한국문화예술위원회 문학 나눔 선정도서
책씨앗 좋은책고르기 초등교과연계 추천도서

23 기후 악당
우리가 기후 악당 이라고?
박수현 글 | 박지애 그림 | 136쪽 | 12,000원

책씨앗 좋은책고르기 초등교과연계 추천도서

24 그건 장난이 아니라 혐오야!
이 세상에 당해도 되는 사람은 없어! 혐오는 나빠!
박혜숙 글 | 홍찬주 그림 | 144쪽 | 12,000원

한국학교사서협회 추천도서 / 소년한국 우수 어린이 도서

25 함경북도 만세 소녀 동풍신
함경북도 만세 소녀 동풍신,
꺾이지 않는 의지로 일제와 맞서다
함영연글 | 홍지혜그림 | 96쪽 | 12,000원

한국학교사서협회 추천도서

26 나만 없는 우리나라
나라를 버린 게 아니라 선택하는 사람, 난민
곽지현·최민혜·유미글 | 김연정그림 | 169쪽 | 12,000원

소년한국일보 표지디자인 특별상 / 한국학교사서협회 추천도서

27 가만두지 않을 거야!
"잡히면 죽여 버린다고!" 왜 부모이는 자꾸만 화가 날까?
윤일호 글 | 정지윤 그림 | 141쪽 | 12,000원

한국학교사서협회 추천도서

28 양심을 팔아요
양심이 있어야 사람다운 사람이지
신은영 글 | 조히 그림 | 108쪽 | 12,000원

한국학교사서협회 추천도서

29 돌고래 라라를 부탁해
돌고래 라라와 미지의 교감 속에서 드러나는 돌고래의 진실
유지영 글 | 한수연 그림 | 136쪽 | 12,000원

한국글짓기지도회 추천도서

30 내 동생들 어때?
우리는 진짜 동물들의 생명을 소중하게 여기고 있을까?
정진 글 | 최현지 그림 | 140쪽 | 12,000원

한국글짓기지도회 추천도서
책씨앗 좋은책고르기 초등교과연계 추천도서

31 악플 숲을 탈출하라!
악플러, 익명의 인터넷 공간에 숨어
다른 사람을 괴롭히는 괴물, 나는 자유로울까?
신은영 글 | 김연정 그림 | 112쪽 | 12,000원

한국학교사서협회 추천도서 / 소년한국 우수 어린이 도서
행복한 아침독서 추천도서 / 읽어주기 좋은 책 선정도서
한국글짓기지도회 추천도서
2025년 초등교과서 국어 3학년 2학기 수록.

32 일본군'위안부' 하늘 나비 할머니
전쟁 없는 평화로운 우리의 미래를 함께 만들어요!
함영연 글 | 장경혜 그림 | 104쪽 | 12,000원
소년한국 우수 어린이 도서 / 한국학교사서협회 추천도서
행복한 아침독서 추천도서
책씨앗 좋은책고르기 초등교과연계 추천도서

33 진짜 뉴스를 찾아라!
마대기와 이꽃비의 불꽃 튀는 뉴스 전쟁!
김경옥 글 | 주성희 그림 | 148쪽 | 12,000원
중소출판사 출판콘텐츠 선정도서 / 한국학교사서협회 추천도서
고래가 숨쉬는도서관추천도서
책씨앗 좋은책고르기 초등교과연계 추천도서
방정환 문학상 수상도서 / 행복한 아침독서 추천도서

34 내가 글자 바보라고?
난독증인 종이접기 천재
공윤경 글 | 김연정 그림 | 149쪽 | 13,000원
한국학교사서협회 추천도서
책씨앗 좋은책고르기 초등교과연계 추천도서

35 표절이 취미
다른 사람의 창작물을 베끼려 한 탐희의 이야기
신은영 글 | 홍찬주 그림 | 108쪽 | 13,000원
한국학교사서협회 추천도서
책씨앗 좋은책고르기 초등교과연계 추천도서
소년한국 우수 어린이 도서 / 고래가 숨쉬는 도서관 추천도서
행복한 아침독서 추천도서 / 책씨앗 초등 교과연계 추천 도서

36 내 친구는 내가 고를래
난 내가 좋아하는 친구랑 놀고 싶어
신미애 글 | 임나운 그림 | 148쪽 | 14,000원
책씨앗 초등교과연계 추천도서

37 상처사진기 '나혼네컷'
내 상처를 곰곰이 들여다보는 공간
박현아 글 | 김승혜 그림 | 112쪽 | 13,000원
소년한국 우수 어린이 도서 / 한국학교사서협회 추천도서
책씨앗 초등 교과연계 추천 도서

38 온라인 그루밍이 시작되었습니다
온라인 그루밍의 덫에 빠지기 쉬운 아이들에게
지금 우리가 들려주어야 할 이야기
신은영 글 | 손수정 그림 | 140쪽 | 14,000원
고래가 숨쉬는 도서관 추천 도서 / 책씨앗 초등 교과 연계 추천 도서
한국학교사서협회 추천도서

39 환경돌과 탄소 제로의 꿈을
많은 생명과 함께 평화롭게 사는 우리의 미래를 위해
우리가 할 수 있는 것은 무엇일까?
최진우 글 | 서미경 그림 | 132쪽 | 14,000원
읽어주기 좋은 책 선정도서 / 한국학교사서협회 추천도서

40 게임 체인저 : 기본소득
기후위기, 실업, 불평등, 성차별 문제를 고민하는 어린이들의
기본소득 대작전!
이선배 글 | 맹하나 그림 | 218쪽 | 15,000원

41 지구를 지키는 패셔니스타
패스트 패션을 막을 수 있는 방법은?
안선모 글 | 주성희 그림 | 124쪽 | 14,000원
고래가숨쉬는도서관추천도서 / 한국학교사서협회 추천도서
한국출판문화진흥재단 청소년 교양도서 추천도서
학교도서관사서협의회 추천도서

42 나는 나대로 살 거야
서로 차별하지 않고 동등하게
박혜숙 글 | 안혜란 그림 | 124쪽 | 14,000원
학교도서관사서협의회 추천도서

43 무서운 집 재밌는 집 이상한 집
낯설고 신기한 존재들이 들려주는 집에 대한
의미 깊은 이야기 세 편!
강다민 글 | 곽지현 그림 | 144쪽 | 15,000원
한국학교사서협회 추천도서 / 한 학기 한 권 읽기 추천도서
학교도서관사서협의회 추천도서

44 단단한 미래
세상 모든 왕따에게 보내는 단단한 마음과 작은 해방감.
천둥 글 | 결 그림 | 140쪽 | 15,000원
한국학교사서협회 추천도서 / 학교도서관사서협의회 추천도서

45 언니는 비건
다름을 이해하며 세상을 풀어 나가는 이야기
곽지현 글 | 손수정 그림 | 120쪽 | 15,000원
학교도서관사서협의회 추천도서

46 가짜 뉴스의 비극, 간토대학살
가짜 뉴스와 혐오의 시대, 간토대학살을 기억해야 하는 까닭
함영연 글 | 배중열 그림 | 132쪽 | 15,000원